上图 / 1939 年，梁守槃在麻省理工学院航空工程系做力学实验

下左图 / 1939 年，梁守槃麻省理工学院硕士毕业照

下右图 / 1956 年 4 月，梁守槃被授予空军技术上校军衔

上图 / 1990 年 12 月，梁守槃在导弹发射基地

下图 / 20 世纪 90 年代，梁守槃在办公室

1962年2月，国防部五院科技委成立留影（前排从左至右：刘树、路史光、陈信、苏虹、林爽、屠守锷、张贻祥、董启强、周维、钱学森、刘亚楼、王秉璋、谷广善、刘瑄、张怀忠、蔡金涛、梁守槃、吴朔平、庄逢甘、耿青、王道力）

上图 / 七机部、八机部合并后，梁守槃作工作计划汇报

下图 / 1995年10月9日，梁守槃（左一）与黄纬禄（左二）、屠守锷（左三）、庄逢甘（左四）在一起

1978年9月，七机部第三研究院科技委第一次全体会议留影（前排左六为梁守槃）

上图/2003年，梁守槃（中）与陆元九（右）、王礼恒（左）在福建考察

下图/1994年8月22日，梁守槃（右二）与任新民（右一）、屠守锷（左二）、黄纬禄（左一）在一起

上图 / 1945年10月，梁守槃与夫人傅鹤在杭州西湖
下图 / 梁守槃夫妇钻石婚纪念留影

上图 / 1986年，梁守槃、傅鹤和孙女梁璋仪在北京玉渊潭公园

下图 / 1992年夏天，梁守槃全家北戴河留影

梁守槃院士传记

Academician Liang Shoupan's Biography

《中国航天院士传记丛书》总编委会 组织编写

谭邦治 著

中国宇航出版社

·北京·

图书在版编目(CIP)数据

梁守槃院士传记 / 谭邦治著 ;《中国航天院士传记丛书》总编委会组织编写. --北京 : 中国宇航出版社, 2018.2

(中国航天院士传记丛书)

ISBN 978-7-5159-1450-3

Ⅰ. ①梁… Ⅱ. ①谭… ②中… Ⅲ. ①梁守槃—传记 Ⅳ. ①K826.1

中国版本图书馆 CIP 数据核字(2018)第 010316 号

责任编辑 黄 莘
责任校对 王 妍 汪秀明 **装帧设计** 宇星文化

出 版
发 行 中国宇航出版社

社 址 北京市阜成路 8 号 **邮 编** 100830
(010)60286808 (010)68768548
网 址 www.caphbook.com
经 销 新华书店
发行部 (010)60286888 (010)68371900
(010)60286887 (010)60286804(传真)
零售店 读者服务部
(010)68371105
承 印 三河市君旺印务有限公司

版 次 2018 年 2 月第 1 版
2018 年 2 月第 1 次印刷
规 格 787×960
开 本 1/16
印 张 18.75 **彩 插** 8 面
字 数 263 千字
书 号 ISBN 978-7-5159-1450-3
定 价 68.00 元

《中国航天院士传记丛书》总编委会名单

编审委员会

主　　任　许达哲　高红卫

副 主 任　雷凡培　曹建国

委　　员　李金生　方向明　袁　洁　李　跃　包为民

编撰委员会

总 主 编　许达哲　高红卫

副总主编　李　跃　包为民

委　　员　（按姓氏笔画排列）

于世元　马礼谦　王亚文　邓宁丰　朱芝松

朱忠元　任玉琨　孙玉斌　李　明　李　锋

陈学钏　张连成　周晓飞　侯　晓　贾　可

梁小虹　谭永华

总编委会办公室

主　　任　周晓飞　朱忠元　邓宁丰

成　　员　（按姓氏笔画排列）

丁雅清　于　宁　于　希　王来成　李卫东

杨利伟　辛大广　张铁钧　范占英　唐　燕

徐　睿　戴品华

《梁守槃院士传记》
编审委员会名单

编审委员会

主　任　包为民

副主任　江　帆

委　员　陈学钏　周晓飞　贾　可　邓宁丰　霍明儒
　　　　王双军　白燕强

编审委员会办公室

主　任　周晓飞

成　员　张铁钧　杨利伟　戴品华　于　宁　刘　毅
　　　　李卫东　徐　睿　丁雅清　李念滨　苏大亮
　　　　黄　莘

序　一
Preface I

中国航天事业自1956年创建以来，已经走过50多年的发展历程。在党中央、国务院、中央军委的亲切关怀和英明领导下，中国航天人团结一心、顽强拼搏、勇于创新、无私奉献，不仅取得了以“两弹一星”、载人航天工程和月球探测工程为代表的辉煌成就，孕育形成了航天传统精神、“两弹一星”精神和载人航天精神，也造就了一支技术精湛、作风优良的航天人才队伍。

航天系统的中国科学院院士和中国工程院院士就是这支队伍的杰出代表。中国航天科技集团公司和中国航天科工集团公司先后有50多位科学家和航天工程专家当选为两院院士。其中，有7位院士获得过“两弹一星”功勋奖章，2位院士获得过国家最高科学技术奖。他们不仅是航天成就的主要创造者，也是航天精神的重要孕育者和忠实践行者。

中国航天事业是在新中国成立不久，工业实力、科技实力、综合国力都很薄弱，帝国主义严密封锁，苏联撕毁协定、撤走专家的情况下发展起来的。以航天院士为代表的中国航天人，自力更生，艰苦奋斗，奋发图强，顽强拼搏，在一穷二白的基础上，独立自主地创建起了中国的航天事业。

航天型号研制是复杂的系统工程，涉及很多领域，需要众人参与，必须大力协同、集智攻关才能完成。以航天院士为代表的中国航天人，在航天工程研制实践中，齐心协力，密切配合，实现了一次又一次技术突破，铸造了一项又一项辉煌成就。他们为祖国的航天事业作出了巨大贡献，却淡泊名利，不计得失，将个人利益置之度外。

航天事业属于尖端技术领域，难度大、风险高、技术复杂，在发展历程中碰到过很多难题，经历过各种坎坷，甚至遭受过重大失利。以航天院士为代表的中国航天人，在困难和失败面前不动摇、不退缩，树立百折不挠、锲而不舍、脚踏实地、严谨务实的工作作风，不断攻坚克难、勇攀高峰，取得了一个又一个胜利，树立了一座又一座丰碑。

今天，在由航天大国向航天强国迈进的征程中，航天院士的科学思想、创新意识、坚定信念和爱国情怀是全体航天人宝贵的精神财富。中国航天科技集团公司和中国航天科工集团公司决定出版《中国航天院士传记丛书》，不仅是为了宣传航天院士的科研成就，总结航天院士的成长规律，更是为了传承航天院士的宝贵精神，使之生生不息、薪火相传，为“续航天梦、筑强军梦、圆中国梦”的伟大实践提供精神动力和思想源泉。

许达哲

2014 年 1 月

序　二
Preface Ⅱ

中国航天事业创建半个多世纪以来，培养和塑造了一大批功勋卓著、德高望重的中国科学院院士和中国工程院院士。他们具有坚定的理想信念和强烈的爱国情怀，理论功底深厚，技术水平高超，善于引领科学发展和技术创新，在中国航天事业发展的关键时期发挥了重要作用，为中国航天事业取得辉煌成就、孕育航天精神作出了突出贡献。

为了全面、系统地总结航天院士的成长规律，把航天院士的科学思想和创新方法记录下来、传承下去，为中国航天事业积累精神财富，为航天强国建设提供有益借鉴，中国航天科技集团公司和中国航天科工集团公司研究决定，组织编写一套《中国航天院士传记丛书》（以下简称《丛书》）。

党的十八大描绘了坚持中国特色社会主义道路、全面建成小康社会、实现中华民族伟大复兴的宏伟蓝图，同时也为加强国防和军队现代化建设、推进我国由航天大国向航天强国迈进指明了方向。在中国航天事业“续航天梦、筑强军梦、圆中国梦”的新形势下，出版这套《丛书》，具有重大的现实意义和深远的历史意义。

记载航天历史。航天院士是中国航天事业的宝贵财富，他们的成长历程反映了航天事业的发展轨迹。这套《丛书》不仅是航天院士个人的传记，也从不同侧面记载了中国航天从技术到管理、从思想到精神的真实历史。

弘扬航天文化。宣传航天院士，就是站在科学的高度，向社会各界全面宣传航天事业，弘扬航天文化，使其成为中华民族文化宝库的重要组成部分，增强中华民族的自信心、自豪感和凝聚力，提升国家的软实力。

传承航天精神。航天精神是包括航天院士在内的几代航天人，在中国航天事业发展历程中，不断积累、提炼、传承而逐渐形成的，是民族精神、时代精神与航天实践相结合的产物，是中国航天事业之魂。《丛书》全面反映了航天院士的学术成就、科学作风和思想品格，有助于航天精神薪火相传。

培育航天人才。中国航天事业已经完成了新老交替，一代航天新人正在茁壮成长。《丛书》是泽被后世的人才工程，对于培育航天人才、发展航天事业、铸造新的辉煌将产生积极的促进作用。

总之，《丛书》是一套具有航天特色的爱国主义教材，是不可多得的精神食粮。相信这套《丛书》的出版发行，必将吸引更多的年轻人热爱航天、投身航天、奉献航天，以饱满的热情和昂扬的斗志再攀高峰，使中国航天事业后继有人，蓬勃发展，续写辉煌。

2014 年 1 月

目　录
Contents

引 言

中国航天事业自1956年10月8日创建以来，迄今已走过了60多年艰苦卓绝的历程。60多年来，在中共中央、国务院、中央军委的英明决策和正确领导下，在全党、全军、全国各族人民的鼎力支持下，通过全国各地区、各部门、各单位的大力协同，广大科技人员、干部、工人的团结奋斗，攻关创新，中国航天取得了举世瞩目的辉煌成就。

60多年来，中国航天研制成功了多种导弹武器系统、运载火箭、应用卫星、载人飞船等，适时地为部队提供了先进、精良且实用的武器装备，为国民经济建设、国防建设、社会发展和科技进步提供了良好的服务，有力地增强了中国的国防实力、科技实力和综合国力，为保卫国家安全、维护世界和平作出了突出贡献。导弹核武器和其他国防力量一起，极大地提升了中国的国际地位，改变了世界的战略格局，为中国赢得了可贵的稳定、和平发展的外部和内部环境，中国航天对中国的和平崛起功不可没。正如邓小平同志所指出的："如果60年代以来，中国没有原子弹、氢弹，没有发射卫星，中国就不能叫有重要影响的大国，就没有现在这样的国际地位。这些东西反映了一个民族的能力，也是一个民族、一个国家兴旺发达的标志。"

在弹、箭、星、船等航天产品的研制中，培养、锻炼和造就了一支航天科技的国家队，这支科技队伍以中老年科技专家为学科和技术带头人，以中青年科技骨干为主力军，以年轻的科技人员为后备军，是一支既经过成功喜悦、又经过挫折与失败考验的队伍，是一支能攻难关、善打硬仗的队伍。与此同时，还建设和积累了具有相当规模和水平的技术基础设施设备与研究、设计、试制、试验、生产、检测、测试等技术手段，为中国航天科技工业可持续发展并保持良好的发展势头，跻身于世界航天科技工业先进水平的行列，奠定了坚实的物质基础。更为可贵的是通过航天型号的研制，总结和凝炼出了一整套适合中国国情和航天发展实际的，并经过实践检验证明是行之有效的，以系统工程管理为核心、以质量管理为重点的重大科技工程领导、组织、管理办法，这是中国航天软实力的一个重要组成部分。

在航天科研生产队伍中，老一辈科学家始终发挥着顶梁柱的作用。首先是人民科学家钱学森，经过各类航天型号工程研制实践的锤炼，又陶冶出了任新民、屠守锷、黄纬禄、梁守槃四位广大航天工作者公认的“航天四大老总”，这四位科学家在各自负责的航天型号工程研制中，都发挥了举足轻重的作用，功勋卓著。尤其是他们用自己的思想、理念和行动，同广大的航天工作者共同孕育和铸就了航天精神、“两弹一星”精神和载人航天精神，这既是中国航天文化的精髓，也丰富了中华民族的传统文化。钱老和“航天四大老总”是凝炼和践行航天“三大精神”的典型代表，其贡献永载中国航天史册，光照后人。

梁守槃院士是“航天四大老总”中的一位，是中国航天事业的奠基人之一，是中国航天技术的重要开拓者之一。编撰《梁守槃院士传记》就是寻觅和记述他的人生历程和航天生涯，通过他坚实且可供后人鉴析与评说的足迹，阐述他的科技思想、道德品格和治学理念；随之也将从另一个侧面述及中国航天从无到有、从小到大、从弱到强的艰苦卓绝的创建及发展历程；同时也弘扬相关科技人员、党政干部和工人的丰功伟绩。

《梁守槃院士传记》出版，意义重大，影响深远。一则是对老科学家的缅怀与悼念，以告慰九泉之下的梁老；另则将鼓舞与激励一代代航天工作者沿着老一辈航天人开辟的道路，继往开来，勇往直前，改革创新，在以习近平同志为核心的党中央坚强领导下，努力夺取中国航天在更高水平上的全面、协调、可持续发展的胜利，为国民经济建设、国防建设、社会发展、科技进步提供优质的服务，为实现中华民族伟大复兴的中国梦，为实现航天强国，作出中国航天新的更大的贡献。

梁守槃

梁守槃院士传记

Academician Liang Shoupan's Biography

第一章

书香门第 勤奋嗜书

梁守槃出身于书香门第、诗礼传家，自幼聪颖好学，在家中私塾完成了小学学业，后来入初中、转高中、考清华、读麻省，理论基础扎实，博闻强识，涉猎学科广泛，知识渊博。

梁守槃，祖籍福建福州城门梁厝村（原属闽县），世居福州乌石山北麓的闽山港，1916年4月13日生于福州。梁家为书香门弟、诗礼传家。童年，他在家中私塾完成了小学学业；1927年读初中，开始进入社会教育，几经辗转，于1933年在上海光华大学附中高中毕业，同时考取了清华大学和国立交通大学。他幼承庭训，勤奋嗜书，学习成绩名列前茅。

1. 书香门弟 诗礼传家

梁守槃祖父梁孝熊，又名梁训桐，号伯通，清朝举人，曾任江苏省海门直隶厅同知；辛亥革命后，离职回福州家中赋闲。父亲梁敬錞，字聿鹄，号和钧，1917年毕业于北京大学法科，获法学学士学位，被北洋政府司法部总长任命为司法部首席秘书；1919年赴美，入哥伦比亚大学，半年后转入英国伦敦大学经济学院，1921年获经济学硕士学位；回国后曾任教北大，在司法部任参事，在最高法院任推事；1933年任宁夏高等法院院长，后任宁夏省财政厅厅长和甘肃省财政厅厅长；1947年任财政部秘书长兼物资供应委员会秘书长；1948年6月，辞官赴美，专务读书，搜集资料，潜心著述，并应美圣若望大学研究教授之约，

梁敬錞教授

致力于现代史研究，尤以中美关系研究为重点。他先后用中英文出版了《辛亥革命》《九一八事变史述》《开罗会议》等论著；1968年奉邀约挈眷返台，被聘为国策顾问，并被授予中华学术院哲士衔，1970年编写了《史迪威事件》一书；1971年7月，应“中央研究院”之聘，担任近代史研究所所长，后改任通信研究员，孜孜从事“马歇尔使华”“马歇尔与中美外交关系”等专题研究，撰写了《赫尔利调停国共之经过》《抗战胜利后的中美关系》等专论和长达50万字的《马歇尔使华报告书笺注》巨著。1980年2月，为表彰梁敬錞在学术上的贡献，由校长凯希尔亲自为其颁发了圣若望大学荣誉奖章，并致辞赞赏，称道梁敬錞先生为卓越之学者、作家、法官与教授。梁守槃母亲林蕴椒，为“戊戌六君子”之一林旭之妹，知书达理，贤慧勤俭，相夫教子，是一位模范的贤妻良母。梁敬錞于 1984 年病逝，享年 93 岁。遵嘱，梁敬錞骨灰由林蕴椒于 1986 年带回北京，实现了梁敬錞"落叶归根"的遗愿。林蕴椒回京后，年高体弱，于 1988 年病故，享年 96 岁。

1918 年，梁守槃 2 岁，随母亲到北京，与他的舅父一家同住。家中生活优裕，他和表兄弟们一起玩耍，童趣无穷。1920 年，4 岁的梁守槃在家庭私塾开始接受小学教育，学习用书是商务印书馆出版的国文、算术、历史、地理、英语等小学教科书，还学习四书、《左传》《礼记》《战国策》等古文内容。家中的父母、舅父母等长辈，特别是他的母亲，经常亲授。一方面，通过背诵、讲解古典诗词和故事，教诲孩童们勤思、勤学、勤读的钻研精神，诸如古代头悬梁、锥刺股等埋头读书的事例；另一方面，通过诗词、故事让他们养成勤劳节俭的习惯，体味劳动能创造一切的道理，如通过"锄禾日当午，汗滴禾下土，谁知盘中餐，粒粒皆辛苦"诗句，通过对孟子名言"天将降大任于斯人也，必先苦其心志，劳其筋骨，饿其体肤……"等的讲解，使他们理解其中的寓意，同时要求他们参加力所能及的劳动，切忌养成"饭来张口，衣来伸手"的好逸恶劳作风；还给他们讲述岳飞精忠报国、戚继光抗倭寇、郑和下西洋等故事，使其懂得爱国忧民、从小就应树立伟大抱负的道理。年方四五岁的梁守槃聪明伶俐，很快就懂得了其中的哲理，并在幼小的心灵中打下了烙印。

孩提时的梁守槃就表现出了鲜明的个性，他虽不是那种恃才自傲、无理辩三分的顽童，但也不是那种视老师、家长和书本上的话为神圣、唯命是从的顺从之辈。遇到问题，他喜欢静默冥思，常常会想出独到的意见，即使是和老师、家长、同学的意见相悖时，他也总是详细阐述自己的观点和理由，直至对方心悦诚服。

由于他具有强烈的求知欲和聪颖睿智，家庭私塾中所教授的课程已远远不能满足他涉猎知识的需要，他的父母就到书店购买一些课外书籍和期刊，供他阅读和学习。他的小伙伴们都跟他开玩笑：“你脑袋大，装的东西多。”又称赞他是“活字典”“百科全书”。

2. 辗转名校 高中跳级

1925年后，梁守槃在家庭私塾中已基本完成了小学学业，家里开始为其升入中学做准备，于是又给他加读了数学等自然科学教科书和英文等课程。

1927年，他以同等学历参加北平市初中入学考试，以优异的成绩同时被位于府右街的四存中学（即现在的北京八中）和位于琉璃厂的北平师大附中录取。由于他家住北长街，四存中学离家近，就决定到四存中学报到。命运多舛，初中刚读半年，他就患了中耳炎，发烧至40摄氏度，后转为淋巴腺炎，要到上海德国医院医治，只好休学。当时还没有青霉素，只能靠磺胺类药消炎，最后导致耳膜穿孔，命虽保住了，但右耳终生失聪。1928年年初，他重新开始读初中一年级。

20世纪20年代，半殖民地半封建的旧中国积贫积弱，军阀混战，列强入侵，内忧外患，灾难深重，劳苦大众过着饥寒交迫、水深火热的生活。正是由于军阀混战，政权更迭，社会动荡，劳苦大众在生命线上挣扎，起五更、爬半夜，却过着食不果腹、衣不遮体、糠菜半年粮的生活。作为高级知识分子的梁敬錞在那动乱的年代，生活也相当艰辛，也频频为衣食奔走，工作单位亦多次变动，几次准备搬家，但都未成行。1929年，梁敬錞执意认为，处于政治漩涡的北平，各中学的教育思想守旧，教学质量不高，又有意让梁守槃锻炼独立生活的能力，便毅然让他转学到天津的南开中学就读。13岁的梁守槃自幼从未离开过家，到天津住校一直不适应，经他再三请求，并征得他父亲同意后，无奈通过插班生考试合格转回北平师大附中，一直读到初中毕业。

1931年，梁敬錞已在上海找到了相对稳定的工作，遂举家移居上海，梁守槃考入沪江大学附中。1931年9月，开学后一个星期就发生了“九一八”事变，全民激愤，工人罢工、学生罢课、商人罢市。1932年，日本侵略者又在上海发动了“一·二八”事变，妄图在4个小时内占领上海，19路军奋起抗战，打击了日本侵略者的嚣张气焰，到三月份签订了停战协定。当时，上海的社会秩序仍十分混乱，人心浮动。位于上海杨树浦军工路的沪江大学附中临时办事处已迁到法租界内，复课遥遥无期。无奈，他只好向校方索取转学证书，改考光华大学附中。设在租界内的沪江大学附中临时办事处的人员，在他的转学证书上写了“高中一年级第一学期肄业期满，成绩及格”。实际上他在沪江大学附中只读了两个月的书。

由于战乱和多次转学，梁守槃的学业多有耽搁，他心急如焚，想着要赶上去、补回来，所以，他利用停课赋闲和暑假，找来高一下学期和高二上学期的教科书潜心自学，他很自信，认为到光华大学附中后，完全可以上高中二年级下学期的课程。他信心满满地在转学证书上的“一年级”的“一”字上加上一横，意在直接报考光华大学附中的高二。入学后的第一次月考，他的各科成绩在班上都是名列前茅，他的高中二年的学历就被确认了。直到1933年他高中毕业，学习成绩在班里一直是拔尖的。

在时局动荡、生活颠簸的年代，梁守槃有幸接触和就读了北平、天津、上海的中学名校，了解和熟知了各校的教学风格和特点，对于这位善于思考、悟性极高的睿智青年来说，无疑是深受启迪、大有益处的，无形中开阔了眼界、拓宽了思路。

在这一时期，年轻的梁守槃心里种下了“爱国抗日”的种子，这为他后来形成科技救国、工程救国、军工救国的信念，奠定了坚实的基础。从他开始读书认字时，他的舅父就给他讲述了日本人的不讲理，在第一次世界大战中，中国和日本都是战胜国，战后被德国侵占的青岛无疑应归还中国。但日本诡称胶州湾曾在清代租给了德国，日本海军攻占了青岛，胶州湾和青岛就应由日本继续承租占领。经英、美两国在“华府会议”上对日本施压，才将青岛还给中国。梁守槃的舅父当时在交通部工作，参加了接收胶济铁路的工作。他的舅父向他与他的表兄弟谈起了日本人在交还中提出的种种蛮横不讲理的要求。梁守槃和他的表兄弟似懂非懂地听着，虽不懂一些细节，但也都听懂了日本侵略者的恶劣行径。几位小兄弟个个眼睛瞪得溜圆，小拳头攥得紧紧的，似乎要去跟日本侵略者火拼。这些孩童的心灵里开始萌发了抗日爱国的思想。

1927 年 4 月 12 日，以蒋介石为首的国民党反动派悍然发动了“四一二”政变，大肆屠杀共产党人和革命群众。1927 年 7 月 15 日，汪精卫在武汉发动反革命政变，国民革命失败。1928 年，日本侵略者出兵山东，炮火逼近济南，梁敬錞此时在济南懋业银行工作，为避开日军凶锋，他由济南步行到泰安火车站，绕道乘火车回到北平家中。回家后梁老先生向梁守槃和他的表兄弟讲述了逃难的情况和经历的艰难险阻，更加深了梁守槃等对日本侵略者的憎恨与仇视。1931 年发生了“九一八”事变，日寇突然侵占了东三省，3000 万东北同胞沦为亡国奴。1932 年又发生了“一·二八”事变。至此，全国人民群情激愤，抗战的浪潮一浪高过一浪。

此时，知识界科技救国、工业救国的呼声高涨，梁守槃等满怀爱国抗日激情的热血青年学子，耳闻目睹了日本侵略者的滔天罪行，日寇铁蹄蹂躏下的中国满目疮痍、遍体鳞伤，劳苦大众逃难流亡，流离失所，无家可归。青年学子们仰天长叹，期盼国强民富，“打倒军阀，打倒列强，把日本侵略者赶出中国”成了他们的共同心声，科技救国、工业救国、工程救国的呼声在梁守槃等青年学子的思想上引起了共鸣，并开始在心灵中扎根。

3. 清华学士 麻省硕士

千里之行，始于足下。梁守槃将科技救国、工业救国、工程救国的理想和信念化作自己的实际行动，在中学时期一直是刻苦钻研，埋头读书。正是由于他的聪颖和勤奋，学习成绩一直优秀，特别是数理化成绩更为突出，他开始萌生了将来学工程的想法。

勤思善记的梁守槃还对科技救国的思想与信念进行了思考与考证，中国是弱国，备受外国的欺凌。1925 年在上海发生的“五卅惨案”，在他幼小的心灵中留下了难以磨灭的印象；1931 年发生“九一八”事变，日本侵略者强占了东北三省；1932 年爆发了“一·二八”淞沪抗战……他从亲历过的史实中，悟出了一个道理，“落后就要挨打”“落后就要受欺侮”。后来，他还找到了孙中山先生的一篇讲话，孙中山说："外国来打中国，中国没有抵抗能力，几个月就要垮台。"他还联想到自己亲眼所见，日本侵略者的空军在淞沪抗战中耀武扬威、狂轰滥炸，炸死、炸伤无辜的中国百姓，更坚定了他学工程、学航空的信念。

1933年，梁守槃高中毕业，此时国内各高等院校都还没有开设航空专业，为了学习工程，他同时报考了国内两所知名大学：清华大学和国立交通大学。他被两所大学同时录取，由于国立交通大学毕业后主要是在铁路系统工作，与他的军工救国、航空救国理想相差甚远，于是他决定到清华大学报到，志愿是与航空工程接近的机械工程。

1908年，美国政府为了缓和中国人民仇恨美国的情绪，向中国清朝政府提出，愿意退还中国付给美国的庚子赔款，成立基金会和学校，发展教育。在美国国内，美国政府向国会说明：这一安排，虽然使美国政府预算中每年减少一笔庚子赔款的收入，但在对华贸易中，商品随文化的进入而发展，远比随军旗的进入更为有效。于是在中国成立了清华留美预备学校，专事培养准备留美的学生，尔后发展为清华大学。梁守槃和他的同学们都知道这一段历史，无疑激励了同学们发愤图强的精神，也使他们更加领悟清华大学"自强不息，厚德载物"校训的深刻内涵，这成为他们的立身格言。

清华大学于1932年成立了工学院，机械工程系隶属工学院。机械工程系所设课程和所使用课本，基本上是照搬麻省理工学院机械工程系的，课本都是翻印的英文教材，当时中国还没有加入国际著作权联盟，翻印英文教材不受法律限制。除大学一年级中文课使用中文课本外，其余全是英文课本，作业也都要求用英文完成。

在教学工作中，讲大课，主要由包括院长、系主任在内的教授们负责；实际操作类课程，如实验、绘图、测量、铸造及金工等，则由讲师或助教操作演示。教授们讲课基本上用英语，当时很多科技名词还没有标准的中文译名，只能用英文。教授、副教授、讲师、助教们都竭尽师者之责，传道、授业、解惑。

正因如此，再加上梁守槃的聪颖与勤奋，学习成绩自不待言，尤其是他笃信“书中自有黄金屋，书中自有颜如玉”，抓紧一切时间，刻苦攻读，涉猎各类有关的知识，同时，加上学校严格的英文训练，他的基础知识、专业学识、英文基础等都很扎实。1987年10月，1937年毕业的清华大学同学在毕业50年后相聚时都异口同声地称赞梁守槃学习勤奋、成绩优秀，还开玩笑地称他为当年的“学霸”。

机遇总是留给有准备的人。1935年，教育部通知，清华大学可在机械工程系内设立航空组，梁守槃即报名到航空组，当时他们同班同学共有10人到航空组，学习了有关空气动力学、飞机结构、发动机等课程，这些人成为了早期在国内学习航空工程的学生，梁守槃就是其中的一位。

梁守槃在清华大学读书的四年里，正值日军侵略者气焰嚣张，华北局势动荡、岌岌可危之时。日本人极力推进“华北自治”，妄图侵占华北，乃至侵占整个中国。年轻的学子们抗日救国的热情高涨，踊跃参加一些政治活动，投身到抗日救亡的运动中去。梁守槃虽一心想的是科技救国、工程救国、航空救国，埋头苦读。可在这个事关中华民族生死存亡之刻，他毫不犹豫，暂时放下书本，参加了1935

1933级清华校友相聚（左三为梁守槃）

年“一二·九”和“一二·一六”等示威游行，以实际行动表达和寄予自己爱国抗日的深情。

1937 年，梁守槃这一级 1933 年入学的清华九级同学毕业了，6 月 15 日，这一级同学在清华大礼堂举行了毕业典礼，他内心充满了激动、喜悦，从此可以投身到抗日救国的运动中去，实现航空救国的理想了。按照学校的安排，他和几位同学一起到南昌空军机械学校高级机械班，学习关于飞机检查、维护的课程，如折逃生降落伞、修理飞机蒙皮、测试发动机、拆卸机关枪等。原计划学习 8 个月后，分配到空军飞行部队，负责飞机的维修工作。但 1937 年 7 月 7 日发生了卢沟桥事变，8 月，中国开展了全面抗战，空军机械学校由南昌迁往成都。1938 年 4 月从空军机械学校毕业后，大多数同学被分配到了各飞行部队，只有梁守槃一人被分配到航空委员会（即国民党政府的空军司令部），做研究室绘图

1939年，梁守槃在麻省理工学院航空工程系做力学实验

员。当时，他接受了一项任务：给一架飞机加装副油箱。他的指导者告诉他如何设计，但设计完后，发现油箱太重，装上飞机后只能加 50 磅（1 磅≈ 0.454 千克）汽油，显然不实用。因此，这个项目也就中止了。

梁守槃和他的父亲都觉得干绘图在技术上的发展有限，当时他的父亲正任甘肃省财政厅厅长，尚有些财力，于是让他自费赴美国留学，继续攻读航空工程。1938 年 8 月，梁守槃到麻省理工学院研究院读研究生，他清楚地懂得：父母用有限的积蓄和薪金供自己出国深造，实属不易。因此，他更加珍惜这一机会，竭尽全力，刻苦学习。在不到一年的时间里，完成了全部硕士课程的学分，1939 年 6 月，取得了麻省理工学院航空工程硕士学位。

赴美期间，他不仅检验和提高了自己的英语水平，圆满完成了硕士研究生

梁守槃在麻省理工学院留学时所做的实验报告

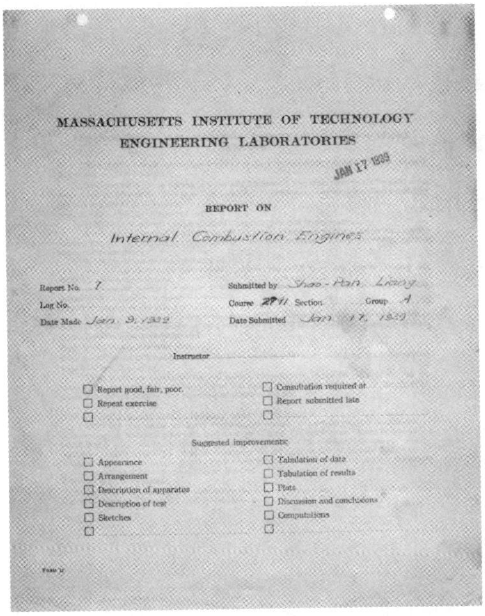

MASSACHUSETTS INSTITUTE OF TECHNOLOGY
ENGINEERING LABORATORIES

JAN 17 1939

REPORT ON

Internal Combustion Engines

Report No. 7　　Submitted by Shao-Pan Liang
Log No.　　Course 2711 Section　　Group A
Date Made Jan. 9, 1939　　Date Submitted Jan. 17, 1939

Instructor

☐ Report good, fair, poor.　　☐ Consultation required at
☐ Repeat exercise　　☐ Report submitted late
☐　　☐

Suggested improvements:

☐ Appearance　　☐ Tabulation of data
☐ Arrangement　　☐ Tabulation of results
☐ Description of apparatus　　☐ Plots
☐ Description of test　　☐ Discussion and conclusions
☐ Sketches　　☐ Computations
☐　　☐

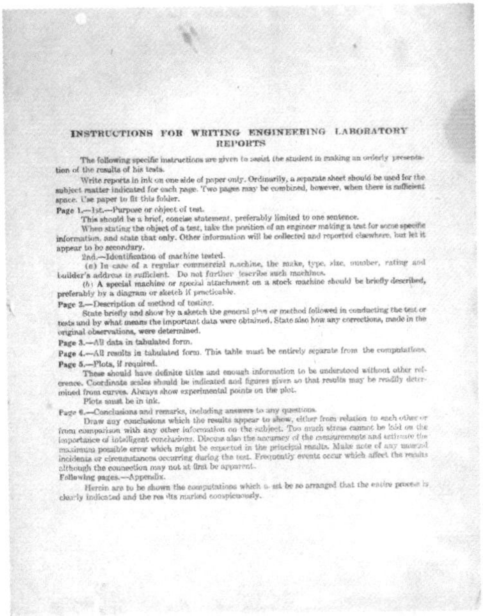

INSTRUCTIONS FOR WRITING ENGINEERING LABORATORY REPORTS

The following specific instructions are given to assist the student in making an orderly presentation of the results of his tests.

Write reports in ink on one side of paper only. Ordinarily, a separate sheet should be used for the subject matter indicated for each page. Two pages may be combined, however, when there is sufficient space. Use paper to fit this folder.

Page 1.—1st.—Purpose or object of test.

This should be a brief, concise statement, preferably limited to one sentence.

When stating the object of a test, take the position of an engineer making a test for some specific information, and state that only. Other information will be collected and reported elsewhere, but let it appear to be secondary.

2nd.—Identification of machine tested.

(a) In case of a regular commercial machine, the make, type, size, number, rating and builder's address is sufficient. Do not further describe such machines.

(b) A special machine or special attachment on a stock machine should be briefly described, preferably by a diagram or sketch if practicable.

Page 2.—Description of method of testing.

State briefly and show by a sketch the general plan or method followed in conducting the test or tests and by what means the important data were obtained. State also how any corrections, made in the original observations, were determined.

Page 3.—All data in tabulated form.

Page 4.—All results in tabulated form. This table must be entirely separate from the computations.

Page 5.—Plots, if required.

These should have definite titles and enough information to be understood without other reference. Coordinate scales should be indicated and figures given so that results may be readily determined from curves. Always show experimental points on the plot.

Plots must be in ink.

Page 6.—Conclusions and remarks, including answers to any questions.

Draw any conclusions which the results appear to show, either from relation to each other or from comparison with any other information on the subject. Too much stress cannot be laid on the importance of intelligent conclusions. Discuss also the accuracy of the measurements and estimate the maximum possible error which might be expected in the principal results. Make note of any unusual incidents or circumstances occurring during the test. Frequently events occur which affect the results although the connection may not at first be apparent.

Following pages.—Appendix.

Herein are to be shown the computations which must be so arranged that the entire process is clearly indicated and the results marked conspicuously.

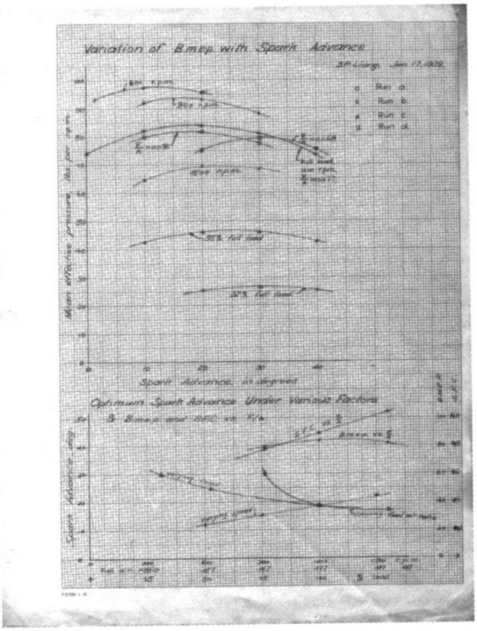

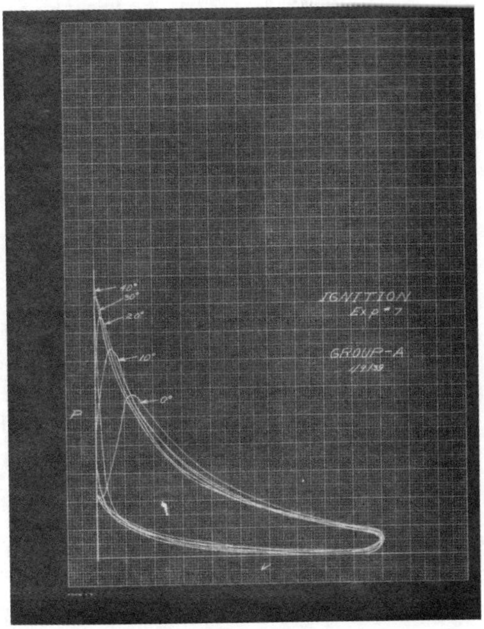

学业，而且亲身的经历使“自立自强”“理论结合实际”的理念在年轻的心灵中扎下了根。早在南昌空军机械学校高级机械班学习时，他就亲眼目睹了中国空军的主要武器装备都是美国货，且得知对于中国抗日战争所需的武器装备，美国要求“现款自运”时，使他很震惊。到美国后，他更了解了这一现状。他领悟到：抗日救国靠美国是靠不住的，还是要靠中国人自立自强。

另一个领悟是关于“理论联系实际”。在清华大学读书时，他了解到清华大学工学院除土木工程系成立较早、教授的年龄较大外，机械工程系和电机工程系的教授，只有工学院院长顾毓琇是博士，其他教授都是1930年前后留美回国的硕士，讲授的工程理论与当时国际上流行的理论相同步，但能与之配套的实验设备比较少，教授们在讲课中常说：“这些设备、产品，中国目前还不能自己制造，要从国外买。”到国外买，既有经费问题，又有是否买得来的问题。这使他更切肤地感到理论结合实际的重要性。在麻省理工学院学习的经历更加深了他的这一感受，美国大学研究院的课程是领先工业界的，研究院在设计中不满足于按照实验数据提供的经验曲线，而要从理论分析研究出发，推导出符合实验数据的理论公式。例如，当时在飞机设计中，为了稳定飞行，工厂设计者都设法加大尾翼或增加尾翼的数量。但学校研究的课程，则是考虑如何设计加装自动驾驶仪，对各舵面进行适时控制，以保证飞机平稳飞行。还如，大学里研究工作所需要的试验装置、仪器设备，都是由教授们提出创意，自行设计、试制、试验，经过试验检验、考核和改正后，才能到工厂中去生产，进而形成设计标准。美国大学的教授批评中国学生过分注重理论，忽略实际和实践。梁守槃认为，这些批评和指正有利于端正自己的学习态度，树立自己的工作作风。

他在美留学期间所获得的“自立自强”的观念和“理论联系实际”的工作作风两项收获，使他终生受益。

梁守槃

梁守槃院士传记

Academician Liang Shoupan's Biography

第二章

服务抗日　教书育人

1939 年，梁守槃在获得航空工程硕士学位后，毅然放弃在美国继续深造和工作的机会，舍弃优裕的学习、工作和生活条件，满怀航空救国的抱负，返回祖国，服务抗战。

1939年6月，梁守槃取得麻省理工学院航空工程硕士学位后，本可以继续攻读博士学位，亦可以谋一份薪水不薄的工作，在学习、工作和生活的条件方面无疑是优裕的。“梁园虽好，不是久恋之家。”他毅然决定返回祖国，效力于抗日救国和中华复兴。他曾在昆明的西南联大执掌教鞭，教书育人；也曾在国民党空军的航空发动机厂仿制航空发动机，并完成了一种教练机用的小型航空发动机设计，但因莫须有的原因遭拒绝；抗战胜利后到浙江大学重登讲台，教书育人，培养航空工程的科技人才。杭州解放后，他作为浙江大学航空系教授同浙大的师生们一起欢欣鼓舞、载歌载舞拥抱新生，随即被任命为航空系主任。自此，他在百年树人的岗位上耕耘了七年，殚精竭虑，兢兢业业，履行其传道、授业、解惑之责，用艰辛的汗水和心血为新中国培养了大量的航空人才，桃李满天下。1956年9月，梁守槃奉调进京，开始了他的导弹生涯。

1. 缜密思考 奔赴联大

在美获得硕士学位后，是继续留美攻读博士学位，或是在美谋一份工作，还是回国效力，服务于抗战，睿智且思维缜密的梁守槃确实是绞尽脑汁，进行了一番冥思苦想。在他的脑海里浮现了1932年淞沪抗战时，日本飞贼肆无忌惮地对我国无辜平民狂轰滥炸，广大民众倒在血泊之中的情景；浮现出了长城抗战时，29军大刀队手持大刀与日寇厮杀的壮丽场面；浮现出了“一二·九”运动时，学子们冒着警棍、大刀和高压水龙头的淫威，协手并肩，高喊着“团结抗日”“一致对外”“赶走日寇”“还我河山”等激昂口号的场景……他还想起了读清华大学时，教授中除顾毓琇是博士外，其他都是硕士毕业，“师傅领进门，修行在个人”，有了硕士的基础，靠自己的努力钻研是可以有所建树的；他也很清楚，在美国的“白华”是很受歧视的，是二等公民，当中国人的科研成果快要搞出来时，就会被公司辞退或调走，然后美国人自己搞，科研成果就被美国人窃取了，他认为在美国一辈子也做不出成果。他坚信自己所学的航空工程专业在中国是大有用处的，也是抗战所急需的。再加上他的父亲考虑到德国法西斯正在进攻波兰，战争形势严峻，担心他流落异国他乡，也急促地催他返回中国。于是，他决定旋即回国。

他当然不会到沦陷区，为汪伪政权服务、当汉奸。去空军也只能干些维护修理的事，当时中国还不能造飞机、造航空发动机。他思来想去，终于选择了位于昆明的西南联合大学航空工程系，为国育才。

1942 年 2 月，梁守槃开始在西南联合大学航空工程系任教，后来又转到机械系，先后担任讲师、副教授，讲授的课程主要是内燃机和工程力学。这位血气方刚的年轻教师，似乎有使不完的劲，他恨不得把自己在清华大学和麻省理工学院学到的知识一股脑儿全部传授给更为年轻的学子。课前他积极而认真地备课，有时还要试讲，他登上讲台，挥鞭执教，以极其严肃而负责的态度传道、授业、解惑。同学们都一致称赞梁先生讲课生动，引人入胜，有理论又能联系实际。同时，他对学生们的要求近乎严厉，从作业到各类考试，他都一丝不苟地进行批改，不合格的要退回重做，考试不及格的要补考。他还针对学生存在的具体问题进行答疑，直到他们真正搞懂为止。久而久之，学生们对梁先生的严格要求也就习以为常了，并形成了严谨的学风。

在繁忙的授课之余，他还注重将有关技术理论进行总结、提炼，撰写论文和专著，发表在《清华大学工程季刊》1941 年第 4 期上的《星型发动机气阀的振动》，就是这一时期完成的。他还撰写和整理了一些科技理论，为其后来的一些著述的完成奠定了基础。

2. 造发动机 航空报国

梁守槃人生的第一个机遇，是他的航空缘，在他大学三年级时，清华大学机械工程系设立航空组，他得以进入，成为中国早期的航空专业人才。他人生的第二个机遇，是 1942 年 8 月他调入贵州大定航空发动机制造厂，参加了发动机制造。

1941 年，国民党空军从美国莱特发动机厂购买了一个型号的航空发动机仿制权和生产图纸。为此，空军在当时的贵州大定建立了航空发动机制造厂。他获悉后甚为高兴，认为这是理论结合实际的好机会，而且制造的航空发动机可直接用于抗日战争。所以，尽管昆明在西南大后方的工作、生活条件还是比较

1942年，梁守槃在贵州大定航空发动机厂任设计课课长

好的，但他放弃收入不薄、来之不易的西南联合大学副教授的职位，到条件更为艰苦的贵州大定参加建厂和仿制航空发动机的工作。

1942年8月，梁守槃正式到大定航空发动机厂报到，先后在厂设计课任技士（相当于高级工程师）、设计课课长。在厂三年多的时间里，他和同事们一起建厂，一起搬迁、安装、调试生产与试验设备，参加仿制并负责解决仿制中遇到的材料、工艺等技术问题，他凭借留美时对美国航空发动机的了解和良好的英语水平，在仿制中发挥了骨干作用。他和他的同事们用艰辛的劳动和汗水仿制成功了航空发动机，解决了抗日前线的急需，为抗战作出了一份实实在在的贡献。在仿制航空发动机的同时，他们还利用工厂的技术和生产能力，积极创造条件，土法上马，制造了多种汽车发动机的零配件，供大后方汽车修理之用，服务抗战，同时在一定程度上缓解了工厂的经费困难。

出于“航空救国”的责任心和人生抱负，在仿制航空发动机的工作基本完成时，梁守槃带领设计课的同事们，根据当时的条件，共同筹划设计了一种航空发动机用于教练机，一方面是为了满足当时的需求，另一方面是为了培养、锻炼自行研制航空发动机的技术与能力。当他们提出技术方案请求批准时，得到的答复却是：“你们设计的发动机能保证比美国的好吗？既不能保证，还不如直接买美国的。”

最后他们设计的航空发动机蓝图成为一堆废纸。这给梁守槃等满怀爱国抗日情怀的青年才俊，当头泼了一盆冷水。他虽未心灰意冷，但也感到当时中国的航空工业前景黯淡。尤其在眼见耳闻国民党空军的贪腐、奢靡之风后，本可以在设计课课长的职位上进入军队、被授予军衔的他，却一直不申请参军，只做文职。

3. 另辟蹊径 育才树人

1945 年 8 月 15 日，日本侵略者宣布无条件投降，抗战胜利了。梁守槃和他后调入国民党空军航空发动机厂化验室的新婚夫人傅鹤欣喜若狂，同航空发动机厂的广大员工一起庆祝抗战胜利，载歌载舞，敲锣打鼓，鞭炮齐鸣，人们的喜悦之情达到了极点。

梁守槃经过审慎斟酌，他的夫人也对国民党空军歧视妇女工作者的劣迹十分憎恶，于是决定离开航空发动机厂。1945 年 9 月 1 日，他同夫人一起赴在遵义的浙江大学航空系，担任教授，1946 年，随浙江大学重回浙江杭州。他深知“十年树木，百年树人”，育才不容易。他也懂得中国的航空工业只要有了人才，终究会“大鹏一日同风起，扶摇直上九万里”。阴霾密布的国民党空军，淹灭不了梁守槃火一般的“航空救国”的热情。在教书育人的岗位上，他恪守师者传道、授业、解惑之责，兢兢业业，挥鞭执教，既一丝不苟，严格要求，又循循善诱，诲人不倦，旨在培养和造就振兴中国航空，乃至振兴中华之栋梁。时至今日，当年的学生早已成为中国航空、航天科技界的学者、专家，他们都还清楚地记得这位师长的神采、风格和治学精神。

当时，国内战争又起，第三次国内革命战争（即解放战争）迅速席卷全国。梁守槃这位学者、教授开始整理、总结自己多年从事航空技术研究和教学的经验体会，埋头用中文撰写航空教科书及其有关的论著，主要有由商务印书馆出版的相关图书，例如，阐述发动机轴在工作中受机械振动的影响及保护方法的《发动机动力学》、作为内燃机专业教科书的《内燃机》、作为工业界喷气发动机首部教材的《气轮机》，以及系统总结自己在大定航空发动机厂工作经验的《飞机发动机设计》。这四本书都成为了当时的大学教学用书。除此而外，他还撰写和发表了多篇论文与科技报告，如发表在《科学世界》上的《喷气发动机理论》；

浙江大学航空系振动测定器

发表在《航空机械》上的《涨圈外形的研究》；发表在美国航空学会杂志上的《有关离心机的性能分析》等。这些专著、论文和报告在当时的航空工业界和航空教育界，都具有较高的学术水平和技术水平，更为可贵的是能够理论联系实际，这不仅为当时高等院校航空专业的学生们提供了教科书和参考书，对从事航空工业的技术人员也大有裨益。

范绪箕是梁守槃一位共事多年的挚友。在浙江大学航空系担任教授期间，梁守槃积极投身航空系实验设施等的建设，协助航空系主任范绪箕建立了风洞和航空发动机试车台等，满足了教学之急需。

范绪箕，1914年1月5日生于北京，祖籍江苏江宁。著名的力学家和航空教育家。1935年毕业于哈尔滨工业大学机械系，获工程学士学位，1937年、1938年、1940年相继获得美国加州理工学院机械工程硕士学位、航空工学硕士和机械工学博士学位。毕业后即回国，范绪箕在上海下船后，眼见沦陷区的凄惨情景，更坚定献身祖国科学事业的决心。冒着生命危险，历尽千辛万苦，绕道香港，来到当时已西迁遵义的浙江大学机械系任副教授；1942年，应聘到成都航空研究院任研究员；1943年到昆明，任清华大学航空研究所教授；1945年，范绪箕再次回到浙江大学，被聘为教授，创建了浙江大学航空系并任系主任，后任校总务长、校务委员会委员，并一直在航空系执教，主持制定了航空系课程设置、教学大纲等，主持建成了风洞等实验室；1952年至1956年，作为华东航空学院筹备小组召集人，创办了华东航空学院，任教授并先后担任院务委员会主任兼教务长、副院长兼教务长；1956年到1979年，任南京航空学院教授、副院长；1979年至1984年，任上海交通大学教授、副校长、校长。

1955年，范绪箕被评定为一级教授，曾当选为第三届全国人民代表大会代表，并曾在中国航空学会等学术团体担任职务。他长期奋斗在中国航空事业的教学、科研和管理岗位的第一线，并都作出了杰出的贡献。2015年11月21日，范绪箕在上海华东医院逝世，享年102岁。

4. 喜结连理 相濡以沫

梁守槃在昆明的西南联合大学航空工程系任教期间，与祖籍同为福建闽侯（今福州），出生在北京，毕业于燕京大学化学系的知书达理、聪颖娴雅的傅鹤邂逅。傅鹤生于1914年10月20日，其父傅仰贤曾任职北洋政府外交部，是北洋政府最后一任驻列宁格勒（现名圣彼得堡）总领事。1932年，她在北平贝满女中毕业后，被保送到燕京大学化学系，1936年毕业，先后在北平慕贞女中

1936年，傅鹤（右）毕业于燕京大学，获学士学位

和贝满女中任教。1937年7月7日，卢沟桥事变后，日军占领北平，坚决不在日伪统治下当亡国奴的傅鹤，于1940年经香港到昆明，先后在昆明天南中学和西南联合大学附中任教。1942年，梁守槃与傅鹤结为连理，开始了他们相敬如宾、相濡以沫、同甘共苦的一生，直到2004年4月5日傅鹤逝世，他们携手度过了62个春秋。

婚后，傅鹤夫唱妇随，以梁守槃的工作为轴心，兼顾相夫教子之责。1942年，她辗转到贵州大定，在国民党空军的航空发动机厂化验室工作，1944年，因不满国民党空军对妇女工作者的诸多歧视，辞职赋闲在家。1945年，日本投降后，她回到上海，1948年，到国民政府中央银行印制局542厂工作，解放后留用，1957年，为解决夫妻两地分居问题，调赴北京，在中国人民银行印制局，先后担任化验室主任和高级工程师职务，1971年退休。2004年4月5日，傅鹤仙逝，享年90岁。

人们常说，一位成功人士的背后，必有一位贤惠、肯于做出牺牲的妻子。梁守槃和傅鹤就是这样的一对夫妻。不仅如此，他们背后还有傅鹤的两位兄长，长兄傅鹰、次兄傅承义，对他们的思想、学业、工作、生活等方面都给予了指导、帮助和支持，并产生了积极的影响。傅鹰，1902年出生于北京，是中国胶体与表面化学的主要奠基人，杰出的化学

2001年10月21日，梁守槃
与夫人傅鹤在家中

教育家、爱国民主人士。1919年进入燕京大学化学系，1922年为了实现梦寐以求的科教救国的理想，赴美国留学，1928年毕业于密歇根大学研究院，获科学博士学位，翌年秋回到祖国。傅鹰曾在北京协和医学院、东北大学、山东大学、重庆大学任教，1939年辗转到厦门大学，任教务长兼理学院院长，1944年放弃即将继任的厦门大学校长一职，携夫人回到重庆大学，年底再度赴美。这次赴美是因为傅鹰拒绝加入国民党，与国民党当局在政治立场上彻底决裂。在第二次赴美前，傅鹰留下了一句话："中国的真正希望在延安！"1949年4月，傅鹰夫妇在美得到中国人民解放军炮轰入侵我国长江的英国"紫石英"号军舰的消息，感到自己一生希望的"有一天中国翻身"的时刻就要到了，怀着一腔强烈的民族自尊心和赤诚爱国热情的傅鹰夫妇毅然决定，抛弃在美的优厚待遇和良好的科研条件，订购船票，准备启程回归。由于美方千方百计地阻挠，经历了一年多的周旋与斗争，1950年他们才得以回到祖国。回国后，傅鹰担任北京大学化学系主任、教授，嗣后，又历任清华大学、石油学院教授，1954年回到母校北京大学，一边教书育人，一边潜心科研，1962年出任北京大学副校长，直到1979年逝世。

傅鹰教授

傅鹰学贯中西，桃李满天下，在树人育才和学术上硕果累累，更为可贵的是，傅鹰一生坚持真理、光明磊落、刚正不阿、实事求是，并赢得了崇高的声誉和威望，成为继承和弘扬“爱国、进步、民主、科学”北大传统的楷模。抗美援朝时，他积极参加赴朝慰问，提取了在美国的全部积蓄支持国家经济建设。十年动乱中，傅鹰受到了冲击和迫害，但从未低头，不改初衷。儿女们问傅老先生对当初回国是否感到后悔，傅老略显激动，斩钉截铁地回答：“不！我丝毫也没后悔，中国是我的祖国，我回来不后悔！”傅鹰光明磊落，从不隐瞒自己的观点。在“文革”席卷全国的“批林批孔”运动中，当时全国政协、统战部派人亲临寓所，询问傅鹰对孔子的看法，他直言不讳地回答：“我想孔夫子应当三七开。”足见傅鹰先生的凛然正气和坚持真理的精神，实为世人所

傅承义教授

景仰，值得后人学习。

傅鹰是中国科学院第一批学部委员（后改称院士），曾担任第三届全国政协委员，第五届全国政协常委。

傅鹰的言行对梁守槃、傅鹤都深有影响，在他们的人生历程中也都给予了指点，爱国、敬业，坚持真理的情操相互影响着。

傅承义，国际著名地球物理学家，中国地球物理事业的主要奠基人与先驱者，1957 年当选为中国科学院学部委员（后改称院士）。1933 年他毕业于清华大学物理系，毕业后留校做研究生，1938 年赴昆明，在西南联合大学任教，1940 年进入加拿大麦吉尔大学物理系，翌年获物理学硕士学位，后转至美国科罗拉多矿业学院进修一年，1942 年又转至美国加州理工学院攻读地球物理学，获博士学位，1946 年应聘担任加州理工学院助理教授，1947 年春离美回国，就职于中央研究院气象研究所，任高级研究员，主持地球物理研究工作。

新中国成立后，傅承义历任中国科学院地学部常务委员，中国科学院地球物理研究所一级研究员、研究室主任、副所长、名誉所长。他曾当选为第三届

梁守槃亲戚聚会（前排从左至右：傅承义、杨若宪、傅鹤、梁守槃、梁守瀛、林家翘）

全国人民代表大会（1964 年）代表，第五、六届全国政协委员，并在中国地球物理学会等学术团体担任领导职务。

傅承义是中国第一位地球物理学博士，国际地震波理论研究的先驱者，中国核爆观测和核侦察研究的开创者，地震预测研究的倡导者和探索者，中国地球物理学泰斗。在半个多世纪的科研和教育生涯中，他立德、立言、立身，高尚的道德情操，严谨的治学态度，无私奉献的精神贯彻始终。他热爱社会主义祖国，热爱科学教育事业，是一位忠于党、忠于人民的正直的科学家。1980 年，年逾古稀的傅承义终于实现了他的夙愿，被接收为中国共产党党员。

傅鹰、傅承义、傅鹤和梁守槃，从抗战时期起，他们的思想、事业、工作、生活等方面，彼此是相连的，尤其是 1956 年以后，他们同居北京，联系更

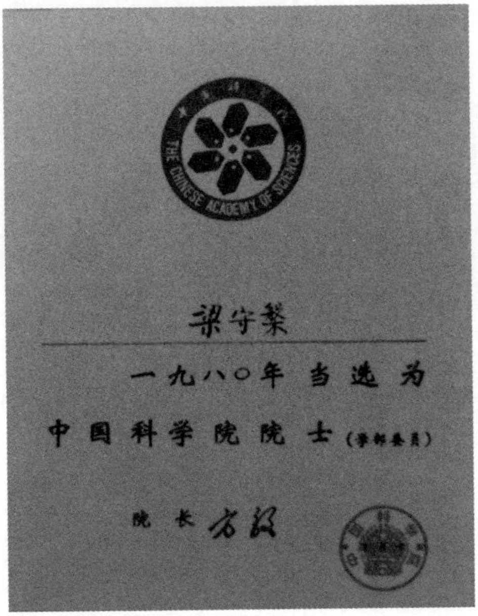

梁守槃当选为中国科学院院士

为紧密了，在热爱祖国、拥护中国共产党、拥护社会主义，忠于科技、科教事业等方面，更是心心相印，相辅相成，相互激励，相得益彰。傅鹰、傅承义不仅是梁守槃、傅鹤的可亲可敬的兄长，而且是良师益友，他们在中国科技、科教事业中所作出的业绩与贡献都将名垂青史，千古流芳。

梁守槃

梁守槃院士传记

Academician Liang Shoupan's Biography

第三章

拒去台美　拥抱新生

杭州解放前夕，梁守槃赴美、去台都易如反掌。经过深邃的思考，出于爱国敬业之心，他毅然决定拥抱新政权，留在杭州，致力于航空教育，继续实现科技救国、航空救国的夙愿。

1948~1949年，中国人民解放军相继取得了辽沈、平津、淮海三大战役的胜利，势如破竹，“打过长江去，解放全中国”的大势已成定局。当时，梁守槃的父母、弟弟、妹妹等都已赴美，赴美去台既可阖家团聚，工作和生活条件的优厚更是不言而喻。但他记起了内兄傅鹰的话：“中国的真正希望在延安！”耳边响起苏步青的坚定话语：“当年国民党北伐时，我们未跟孙传芳走。现在共产党来了，我们有必要非跟国民党走吗？！”于是，他毅然决定留在大陆，继续在浙江大学航空系从事航空教育。从1945年进入浙江大学，1952年调入位于哈尔滨的中国人民解放军军事工程学院空军工程系，直到1956年9月离开，梁守槃从事航空教育长达11年，他兢兢业业，忠实地履行传道、授业、解惑之责，在教书育人、树人育才的岗位上取得了突出的成绩。同时，在教材编著、教学设施设备建设与研制，以及科研工作等方面，多有卓著建树，业绩优异。

1. 深邃思考 留在浙大

抗战胜利后，范绪箕、梁守槃等继续应聘到浙江大学任教授。范绪箕主持创建了浙江大学航空系，并任航空系主任。1949年，梁守槃亲自参加创建浙江大学航空系，在教师队伍建设、实验设施设备建设、教材编写、教学计划与课程设置的确定等方面，都已走上正轨，并初具规模。他们对自己亲手创建的国内首屈一指的浙江大学航空系感到十分欣慰。

然而，随着中国人民解放战争的节节胜利，国民党军队已溃不成军，国民党的党、政、军各界已成惊弓之鸟，惶惶不可终日，准备逃往台湾。浙江大学航空系也面临搬迁到台湾的问题。去还是留，也严肃地摆在了梁守槃的面前。他的父亲梁敬錞已于 1948 年 6 月辞官携夫人赴美，专务读书。他的弟弟梁守渠在中央大学毕业后，赴美留学，获普林斯顿大学化学博士学位，已就职于美国柯明哥公司。他的大妹梁守瀛正执教于哈佛大学，任中文系教授，且已与数学家林家翘结婚。梁家四兄妹中，只有梁守槃和毕业于美国威斯康辛大学的小妹梁守滨在大陆。所以梁守槃赴美应是顺理成章的事，而且易如反掌；至于去台湾，更是国民党当局求之不得的事。

1980 年，梁守槃兄妹四人在分别四十年后相聚美国波士顿

爱国敬业、酷爱航空的梁守槃进行了审慎的思考，思来想去，他认定：到美国去当“白华”，做二等公民，受美国人歧视，他于心不甘；到台湾去，弹丸之岛难以在航空事业上有所建树，尤其是他耳闻目睹国民党当局贪污腐化之风盛行，更是厌恶，认定国民党难有作为。他想到父亲于淮海战役前夕辞官赴美，就是对国民党当局失去了信心，不愿做摇摇欲坠的蒋家王朝的陪葬品；他想到内兄傅鹰多次流露的“中国的真正希望在延安”的思想；想起了我国著名数学家、教育家苏步青说的一段话：“当年国民党北伐时，我们未跟孙传芳走。现在共产党来了，我们有必要非跟国民党走吗？！”就这样，梁守槃、范绪箕、苏步青等莘莘学者、教授决定抛弃国民党，留在杭州，拥抱新政权，拥抱新中国，继续实现科技救国、航空救国的夙愿。

林家翘（1916—2013），国际著名应用数学家、流体力学家、天体物理学家，美国国家科学院院士、美国国家艺术和科学院院士、麻省理工学院学院教授，中国科学院外籍院士、清华大学教授、周培源应用数学研究中心名誉主任。

林家翘1916年7月7日生于北京，祖籍福建省福州市。1937年毕业于清华大学物理系，1941年获加拿大多伦多大学硕士学位，1944年获美国加州理工学院博士学位。1979年被清华大学聘为名誉教授，1987年清华大学授予其名誉博士学位，2001年被清华大学聘为教授，2002年8月回国定居，出任清华大学周培源应用数学研究中心名誉主任。2007年12月，林家翘捐资设立“林家翘、梁守瀛学术研究基金”。林家翘为推动清华大学乃至整个中国应用数学学科的发展作出了重要贡献。

苏步青（1902—2003），中国著名数学家、教育家。中国科学院院士，曾任复旦大学副校长、校长等职，当选第七、八届全国政协副主席。2003年，苏步青逝世，享年101岁。

1949年6月，杭州解放后不久，中共浙江省委指派省委宣传部副部长林乎

1980年，梁守槃（右）在美国与林家翘（左）合影

加为接管浙江大学的负责人。

林乎加，历任中共浙江省委宣传部副部长、宣传部部长、省委常委、省委秘书长、省委副书记、书记处书记，“文革”结束后，任中共上海市委书记（主持工作）、市革委会副主任，中共天津市委第一书记、天津市革委会主任、天津警备区第一政委，中共北京市委第一书记兼北京卫戍区第一政委、党委第一书记，北京市革委会主任、北京市市长，农业部、农牧渔业部部长、党组书记。中共八大代表，中共第十一、十二届中央委员，在1985年9月中共全国代表会议上增选为中央顾问委员会委员，在中共十三大上当选为中央顾问委员会委员。

范绪箕被浙江省军管会任命为浙江大学、英士大学、三江大学三校校管委员会委员，梁守槃被吸收参加接管工作，主要是查清浙江大学的一些经济问题。接管工作完成后，他被任命为浙江大学航空系主任，继续从事教学工作。无论是接管工作，还是航空系主任的工作，梁守槃都尽职尽责、一丝不苟地做好，尤其是在迅速恢复浙江大学航空系的教学秩序、修复和建设实验设施设备、组建系的机构、建立并扩大教师队伍、制定教学大纲、课程安排、制定教学计划、编写教材等方面的工作，他都事必躬亲、尽职尽责地做好。他带领全系教职员工齐心协力，夜以继日地工作，使浙江大学航空系的教学等各项工作迅速走向

浙江大学航空系风洞试验室

正轨，并得到了蓬勃发展，为中国培养航空技术人才作出了贡献。

1952年，全国高等院校进行院系调整，成立了华东航空学院筹备小组，范绪箕为筹备小组召集人，梁守槃参加了筹备小组的工作。为配合国防建设，集中力量培养航空技术人才，国家决定将交通大学、浙江大学、南京大学三校的航空系进行合并，在南京成立华东航空学院。梁守槃作为浙江大学航空系主任，识大体、顾大局，以培养中国航空技术人才、发展中国航空技术为己任，积极协助华东航空学院筹备组召集人范绪箕工作，使华东航空学院的筹建工作得以顺利进行。1956年，华东航空学院迁往西安，改名为西安航空学院。1957年，西安航空学院与西北工学院合并，成立了西北工业大学，延续至今。

2. 北赴冰城 投身国防

新中国成立后，在浙江大学航空系主任任上的梁守槃，刚过而立之年，年富力强，精力充沛，特别是由衷地感激党和人民的信任，无论是在系的管理工作、教学工作上，还是在科研工作上，他都觉得有使不完的劲。

1952 年，在解放了的中华大地上，到处欢声笑语、莺歌燕舞，中国人民即将完成三年国民经济恢复时期的任务、开始执行国民经济建设第一个五年计划。在抗美援朝战争中，中国人民志愿军经过艰苦卓绝的浴血奋战，已经取得了阶段性的胜利。然而，抗美援朝战争的经验和教训沉痛地告诫我们：战争的胜负固然取决于战争的正义性质，取决于交战双方的综合实力，取决于指挥者的才智与技能，取决于参战者的觉悟与勇敢精神。但是，如果我们拥有先进精良的武器装备，拥有制空权，我们许多优秀的英勇善战的中华儿女就不至于牺牲在战场上，就能减少伤亡，战争的胜利也会来得快些。正是基于这种考量，党中央、国务院、中央军委和毛泽东、周恩来、朱德、彭德怀等老一辈无产阶级革命家，出于发展中国武器装备的战略大计，决定在哈尔滨组建培养武器装备研制和维护使用科技人才的中国人民解放军军事工程学院（简称哈军工），设立空军工程、炮兵工程、海军工程、装甲兵工程、工程兵工程等五个系，由中华人民共和国国防部副部长、中国人民解放军总参谋部副总参谋长、曾任中国人民志愿军副司令员，对发展武器装备备感急切的陈赓负责筹建。哈军工成立时，陈赓被任命为哈军工院长兼政治委员。

1952 年 9 月 1 日，中央批准成立了哈军工筹备委员会，陈赓为主任委员，徐立行、张述祖、李懋之等为副主任委员。筹备工作包括建立组织机构、基建、建设教学设施设备、选调教师等。其中很重要的，也是最困难的，就是选调师资的工作，特别是选调资深的科学家、教授等教学骨干的工作更是难上加难。20 世纪 50 年代初，国民经济各部门和教育系统的各高等院校都是百废待兴、求贤

梁守槃（左）与李懋之（中）、任新民（右）在一起

若渴，各部门、各单位很不情愿放人；另则是一些教授、科学家对北上冰城哈尔滨，对寒冷和北方的食宿条件有所顾忌。陈赓亲自领导和主持了师资的选调工作，做了大量的组织协调和沟通工作。

1952 年 10 月下旬，国务院下达调令，调梁守槃到哈军工。梁守槃这位风华正茂的年轻教授，早年就抱定军工救国、航空强国的志向，二话不说，打点行装，交接工作，乘车北上。

梁守槃在 11 月初来到哈尔滨，在筹备委员会报到。这是他继进入清华大学机械工程系航空组学习，到贵州大定航空发动机制造厂仿制活塞式航空发动机之后，第三次结缘国防科技工业的机遇。

报到后，他旋即开始投入哈军工的筹建工作。

3. 创建“军工”作出贡献

在那激情燃烧的年代，创建者们以火一般的热情投入了哈军工的筹建工作，干得热火朝天。梁守槃等教学人员积极参加有关教学方案的制订与讨论工作，他认真总结了自己在西南联合大学航空工程系和浙江大学航空系从事航空教育的经验教训，对教学方案提出了意见与建议。后来，以奥列霍夫为首席顾问的苏联顾问团来到哈军工，提出了“教学过程组织基本条例”，与梁守槃等教学人员提出的教学方案基本相同。借助于“学习苏联一边倒”的东风，更加快了教学方案的确定。

经过紧张有序的筹备，1953年1月30日，中共中央和中央军委总政治部批准成立了中国共产党军事工程学院临时委员会，由陈赓、徐立行、李懋之、张衍、徐介藩、曾焜、张文峰、黄景文、赵唯刚、吴振挺、屈兴栋11人组成，陈赓为书记。截至1953年8月，哈军工的组织机构与系科设置及各部门负责人、编制等，都已确定。梁守槃被任命为空军工程系航空发动机教研室（102教授会）主任。1953年9月1日上午，按课程表开始上课，下午举行“中国人民解放军军事工程学院成立暨第一期开学典礼”。中央军委派出了以总参谋部副总参谋长张宗逊为团长，由军委各部、各军兵种代表组成的代表团赴哈尔滨参加了这一盛典。周恩来、朱德、刘伯承、贺龙、罗荣桓等，题词祝贺中国人民解放军军事工程学院成立。在朝鲜的中国人民志愿军、全国六大军区、各军兵种和兄弟高等院校等，都发去了贺电，送了贺幛。参加盛典的还有黑龙江省和哈尔滨市的党政领导，以及苏联驻哈尔滨总领事。

梁守槃参加了哈军工筹建相关工作，参加并目睹了哈军工成立盛典的成功举行。

自此，梁守槃在航空发动机教研室主任的岗位上，开始了紧张、热烈而镇定、有序的工作。一是教研室教师队伍的建设和学术技术水平的提高工作；二是教学组织及教研室的管理工作；三是教材及讲义的编写与审核工作；四是教学设施设备的研制与建设工作；五是参加系里乃至院里教学方案、教学计划的编制，以及课程安排等工作；六是亲登讲台，挥鞭执教。

荣登讲台，挥鞭执教。他认为，教授顾名思义，就应该登上讲台，教课授课。在哈军工成立之初，还没有大学三年级以上的学员，专业教研室并没有授课任务，但他积极承担为哈军工“助教队”讲课的任务。等到学员班开始学习专业基础课和专业课时，他更是率先垂范，带头登上讲台，给学员授课。无论是给助教讲课，还是给学员上大课，他一上讲台就像换了个人似的，立刻精神抖擞，嗓门也更加洪亮了。他讲课深入浅出，表述明白，逻辑严谨，条理清楚。时至今日，当年他的学员，现在航空、航天等科技界的专家、学者都还清晰地记着他讲课时的神采和风格，异口同声地称赞他诲人不倦、循循善诱、百问不厌的师者精神。

在教材和讲义编写方面，他更是煞费苦心，一方面对自己编写出版的《发动机动力学》《内燃机》《气轮机》《飞机发动机设计》四本书，结合哈军工空军工程系航空发动机专业的教学方案和教学计划，以及第二次世界大战以来航空科技的新发展，重新进行审视、修改和补充，编写空军工程系航空发动机专业教材和讲义，另一方面还根据教学需要，撰写了《热力学》专著和《叶轮机中的气流速度分布》等论文，以打好航空发动机教研室教学工作的基础。

在教学实验设施设备建设方面，他基于自己多年来理论联系实际的坚定信念，从担任航空发动机教研室主任之时起，就开始运筹谋划航空发动机试验设施设备建设。此时正值哈军工乃至全国全面学习苏联，航空发动机教研室、空军

梁守槃编写的《发动机动力学》《内燃机》《气轮机》《飞机发动机设计》图书

工程系和整个哈军工，多数人认为大型试验设备应当请苏联设计院设计、制造。但梁守槃坚持自信自立、相信中国人能行，加之有 10 来年航空工程、航空发动机教学，试验设施设备设计与制造，航空发动机仿制等方面的实践积累，认为可自行设计各种航空发动机试车台。经批准后，他带领教研室全体人员，齐心协力，攻关奋斗，于 1954 年相继完成了活塞发动机、喷气发动机、压气机等试车台建设，并投入使用。试车台和风洞试验室成为当时空军工程系乃至哈军工全院两项大型试验设施设备，不仅军内外有关单位和有关高等院校纷纷前来参观，还为教学和工业部门的设计制造提供了良好服务。

4.“两老”办院 参军授衔

在军事工程学院成立盛典上，梁守槃聆听了张宗逊副总参谋长宣读的毛泽东主席给军事工程学院颁发的《训词》；目睹了陈赓院长威武挺拔，迈着矫健的正步，亲手接过了张宗逊副总参谋长代表中央军委授予军事工程学院的“八一”军旗，陈赓院长陪同张宗逊副总参谋长、总政治部王宗槐秘书长、空军常乾坤副司令员等检阅了部队；聆听了陈赓院长慷慨激昂、铿锵有力的讲话。

1953年8月26日，中央人民政府人民革命军事委员会主席毛泽东给军事工程学院颁发了《训词》：

军事工程学院陈赓院长和全体教授、助教、学员、工作人员同志们：

当你们开学的时候，我向你们致以热烈的祝贺。

在此时机，我并向热忱帮助我们计划和创办这个学院的苏联政府、苏联顾问表示衷心的感谢。

中国人民解放军军事工程学院的创办，对于我国的国防事业具有极重大的意义。为了建设现代化的国防，我们的陆军、空军和海军都必须有充分的机械化的装备和设备，这一切都离不开复杂的、专门的技术。今天我们迫切需要的，就是大批能够掌握和驾驭技术的人，并使我们的技术能够得到不断的改善和进步。军事工程学院的创办，其目的就是为了解决这个迫切而光荣的任务。

向苏联学习，这是我们建军史上的优良传统，无论任何时候，任何工作部门，都应当如此。这点，对于你们这个学院，有更加重要的意义。我们必须学习苏联的先进科学和技术知识，学习苏联军事工程建设的丰富经验，学习苏联顾问同志的学习态度和工作态度，学习苏联顾问同志高度的爱国主义和国际主义精神。在学习上应该是虚心诚恳的，不要学到一点就自满和骄傲。

保持和发扬中国人民解放军的光荣传统，特别是全心全意为人民服务的精神和自我牺牲的英雄气概，这在你们的学院，是和全军一样，必须充分领会和一刻也不可忘记的。

希望你们团结一致，办好学院，尊重顾问，努力学习，为完成人民革命军事委员会给予你们的光荣任务而奋斗！

主席　毛泽东

1953年8月26日

盛典的当晚，梁守槃彻夜难眠，不时想起毛主席的《训词》和陈赓院长的话语，建设现代化国防是毛主席交给哈军工的任务，自己是哈军工的一员，义不容辞地应当为完成这一任务尽绵薄之力。他也在思索：培养全心全意为人民服务的精神和自我牺牲的英雄气概，这是像自己这样从旧社会走过来的知识分子的必修课。千里之行，始于足下。他根据院、系的安排，组织教研室的同志们认真学习和讨论了毛主席的《训词》、陈赓院长的讲话，真像是给他们充了一次电，干劲更足了，热情更高了。

随着时间的积累和推移，梁守槃听到陈赓院长的讲话和对他的了解越来越多。他从陈赓院长身上看到了共产党人和无产阶级革命家的高风亮节与博大胸怀。早在 1952 年 12 月，他就听到了陈赓在全院党员干部会议上讲话的传达，也看到了文件。陈赓于 1952 年 12 月 9 日在全院党员干部会议上说："我们的口号是'两老'办院，就是依靠老干部、老教师，上上下下团结得像一个人，齐心协力，共同完成党交给我们的光荣任务，这就是我们'团结建院'的方针。" 12 月 11 日，陈赓主持召开老教师座谈会，幽默而形象地说："在我们学院建设中，你们老教师是一根柱子，军队来的老干部也是一根柱子，只有依靠这两根支柱，学院才能办好。" 1953 年 7 月 1 日纪念中国共产党诞生 32 周年，陈赓在老干部、老教师座谈会上严肃地指出："既承认'两万五'，也要承认'十年寒窗苦'。"他还加重语气地说："老教师的知识来之不易，在科学技术上奋斗了几十年，也是老资格，要办好军事工程学院，首先要依靠老教师，不能光靠'两万五'。"作为出身官宦之家，经历过旧中国，又从美国留学回来的梁守槃，聆听到陈赓这一席感人肺腑的言谈后，感悟到自己作为老教师中的一员成为办院的依靠力量，内心无比激动，主人翁感、信任感、使命感和责任心油然而生，视共产党、视陈赓为知己，暗下决心，誓为知己者奋斗和献身。

20 世纪 50 年代，党在对待家庭出身问题上的政策是：有成分论，不唯成分论，重在表现。可在当时，家庭出身和家庭成分是客观存在，所以“有成分论”很容易掌握。而“不唯成分论”和“重在表现”是定性的概念，不易掌握，所以“唯成分论”的思潮泛滥。在军事工程学院创建时，如何对待老教师的家庭出身问题比较突出。陈赓心知肚明，现身说法，用切身的实例，深入浅出地做了导向性的讲话：“就家庭出身而言，我是出身于地主兼资本家的家庭，可经过革命战争的长期考验，我成了无产阶级先锋队中的一员，成了无产阶级革命者，是顶天立地的中国共产党党员；许克祥大家都知道，原来是我家的长工，是无产阶级出身，而后来在‘马日事变’中，他堕落成屠杀共产党员和革命群众的刽子手。家庭出身不能选择，但走什么路完全取决于自己。”梁守槃亲耳聆听了陈赓的精辟论述，在他的思想深处引起了极大的反响，他反复地咀嚼和体味陈赓的讲话，备感亲切，感到是给像自己这样出身、家庭成员和社会关系非常复杂的人指明了一条前进的路，他暗下决心，跟中国共产党走革命的路，全心全意为祖国、为人民服务，为实现国防现代化鞠躬尽瘁，死而后已。

1955 年，国家在全国（除台湾、香港、澳门外）开展了知识分子评级工作，梁守槃被评定为二级教授。

正是由于他亲身体会了党的系列政策的温暖和

1956年4月，梁守槃被授予空军技术上校军衔

1956年哈尔滨军事工程学院102教授会部分同事合影（前排从左至右为：严汝群、梁守槃、董绍庸、华光时）

陈赓院长对知识分子的关怀与爱护，他于 1955 年向组织提交了参加中国人民解放军的申请。1956 年 4 月获得批准，梁守槃被授予空军技术上校军衔。他仿佛一下子从 40 岁又回到了 20 岁，昂首阔步奔向新的征程。

梁守槃

梁守槃院士传记

Academician Liang Shoupan's Biography

第四章

导弹事业　奠基开拓

1956年9月，继梁守槃调入哈军工空军工程系四年后，迎来了他结缘国防科技工业的第四个机遇，开始从事导弹与航天科技工作的征程，从此一干就是50多年，并为之作出了重要的贡献。

1956年迎来了中国科学技术的第一个春天，科学技术事业充满了生机活力。1956年2月17日，钱学森将其根据周恩来总理指示撰写的《建立我国国防航空工业的意见书》呈报国务院。1956年3月，国务院成立了科学规划委员会，制订了《1956~1967年科学技术发展远景规划纲要（草案）》，其中第37项即为《喷气与火箭技术的建立》。3月14日，周恩来总理主持中央军委会议，决定由周恩来总理、聂荣臻副总理筹备组建中国导弹与航空科学技术研究的领导机构——航空工业委员会。4月13日，航空工业委员会成立。5月10日，聂荣臻代表航空工业委员会提出了《关于开展我国导弹研究工作的初步意见》。5月26日，周恩来总理主持中央军委会议，同意聂荣臻提出的初步意见，责成航空工业委员会负责组建国防部导弹管理局（国防部五局）和国防部导弹研究院（国防部五院），并指定钟夫翔、钱学森为负责人。

经过一系列的准备工作，航空工业委员会开始选调科技专家，筹建国防部五院。梁守槃于1956年9月16日由哈尔滨到达北京，开始参加国防部五院的筹建工作，并在国防部五院筹建和创建初期做了大量有益的工作，成为中国导弹与航天技术的主要开拓者和奠基人之一。

1. 调赴北京 筹建五院

钱学森在其《建立我国国防航空工业的意见书》（当时为了保密，用“国防航空工业”代替“火箭导弹工业”）中，提出了中国火箭与导弹事业的组织机构的草案、发展计划、实施步骤和一些具体措施。《意见书》中还列出了一些可以调来从事火箭与导弹事业的高级知识分子名单，其中包括任新民、梁守槃、庄逢甘、罗时钧、林同骥、胡海昌等。20 世纪 50 年代，科技人才，特别是高级科技人才寥若晨星，国家在完成三年国民经济恢复时期（1949~1952 年）的任务后，开始执行国民经济建设的第一个五年计划（1953~1957 年），各地区、各部门、各单位都是求贤若渴，资深而又有名气的教授、学者和科技专家，更被视为宝贵财富，调人难，难于上青天。陈赓院长出于加速发展中国导弹事业、加强国防的战略考量，识大体、顾大局，毅然同意哈军工的任新民、梁守槃、卢庆骏、庄逢甘、朱正 5 名教授、副教授调赴国防部五院。任新民、庄逢甘先期到京，梁守槃、朱正于 1956 年 9 月 16 日到京，卢庆骏因故暂缓。

梁守槃、朱正到京后，受到了林爽（后被任命为国防部五局副局长、副总工程师）和白学光（后任国防部五院副院长）等的接待。林爽、白学光对梁守槃讲：现已从 1956 年当年毕业的大学生中选调了 156 人，可国内高等院校根本没有导弹技术的各专业、学科，根据钱学森同志（后被任命为国防部五局第一副局长、总工程师兼国防部五院院长）的提议，经研究决定需要成立一个训练班，讲授一些关于火箭与导弹技术的课程，现在正在聘请一些承担讲课任务的专家。同时还讲：不久将要陆续调来一些留学回国人员和早期毕业的科技人员，共同从事我国的火箭与导弹事业。林爽、白学光当场交代给梁守槃一项任务：负责主持训练班工作，尽速配齐各专业课的讲课人员，预定 10 月 8 日开始讲课。林爽、白学光还向梁守槃谈了近期工作的初步设想。

经过紧张、忙碌而有序的筹备，中国的导弹与航天事业迎来了喜庆的日子。

1956年10月8日，国防部第五研究院在北京西郊北京军区空军466医院大食堂里举行成立大会。会议开得简朴而隆重，中央军委副主席、航空工业委员会主任聂荣臻元帅出席会议祝贺并作重要讲话。出席会议的还有外贸部副部长李强、航空工业委员会委员兼秘书长安东，以及钟夫翔、钱学森、林爽、白学光等同志。从全国有关高等院校、科研机构和工业部门调入的30多位科技专家和当年接收的156位大学毕业生，以及调来筹备国防部五局、国防部五院的党、政、后勤人员等近200人也参加了会议。聂荣臻在成立大会上宣布："同志们，中国第一个火箭与导弹研究机构——国防部第五研究院今天正式成立。"聂荣臻还作了热情洋溢、激人奋进的讲话，勉励大家以自力更生、奋发图强的精神学习研究导弹技术，毕生致力于中国的导弹事业。

10月8日是中国导弹与航天事业诞生和奠基的历史性纪念日。梁守槃怀着无比喜悦和激动的心情参加了会议，全神贯注地聆听了聂帅慷慨激昂且刚劲坚毅的讲话，备受鼓舞。梁守槃早已熟知聂荣臻这位共和国开国元帅的人生历程和丰功伟绩：早年旅欧勤工俭学，黄埔军校担任教官，参加南昌起义，经历了举世闻名的两万五千里长征，作为115师政委领导了平型关大捷，开辟并领导了晋察冀模范根据地，曾任北京市第一任市长、总参谋部代总参谋

梁守槃（右）与屠守锷（左）参加国防部五院成立40周年纪念大会

长……现在，聂帅又率领科技人员、干部、工人进行“新长征”，研制保卫国家的导弹武器，实现国防现代化；开辟通天路，架设宇宙桥，探索、开发、利用和征服深邃莫测的太空。梁守槃感到责任重大，使命光荣，并充满了自信。

1956 年 4 月，苏联表示可向中国提供导弹技术资料和专家，帮助中国建立导弹工业。但到 9 月下旬，苏联又表示：中国不具备发展导弹工业的基础，应当先选派一批中国留学生赴苏联学习，等这些留学生毕业回国后，再谈提供技术资料和派赴专家的事情。当时，中国新的工业建设项目，都是由苏联提供技术资料和派遣专家的。所以，面对苏联拒绝提供有关导弹的技术资料、也不派遣专家的现实，有的高层领导人认为应当接受苏联的建议，暂缓国防部五院工作的开展。可国防部五院已经成立，年长一些的科技专家和大学毕业生已经到位，培训工作不但不能停，而且应当抓紧。梁守槃按领导的要求，马不停蹄地联系、邀请已调入国防部五院的专家或外聘教员，约定讲授的内容及时间安排等。国防部五院成立后的第三天，即 10 月 10 日，导弹技术知识训练班开班，钱学森带头，先后讲授了“导弹概论”“导弹制导原理”“电子计算机”等课程，任新民、梁守槃、庄逢甘、朱正等教授、副教授们也都披挂上阵，讲授各自擅长和熟悉的与火箭导弹技术有关的专业技术知识。梁守槃讲授“火箭发动机”，他以认真负责的态度查找有关的技术资料，并结合自己多年从事航空发动机研制与从事航空发动机教学的经验，进行系统的分析总结，写出教案和讲义，并进行认真的备课和试讲。他的讲授得到了听课者的一致好评。

虽然只是短短的几个月培训学习，但这些刚毕业的来自不同专业的大学生们，都感到收获很大，这些课程确实是入门导弹、入门航天的必经之路。他们不仅学到了火箭、导弹的基础知识，而且对火箭与导弹的有关专业技术知识也有了初步了解，对即将从事火箭与导弹专业技术工作的年轻人，起到了入门与引路的作用。在开办训练班的过程中，又有了俄文版的《火箭技术导论》，还有了《导弹设计原理丛书》。这些中国导弹与航天技术的拓荒者们，在培训中除认真听课和消化所讲的内容外，还如饥似渴地阅读、研究有关的参考书，在初步掌握导弹专业知识的同时，还锻炼和提高了外文阅读能力。后来这些拓荒者们都成了中国导弹与航天事业的科技骨干，有些还成为了航天型号工程的总设计师或副总设计师。开设训练班在中国导弹与航天创建发展中功不可没，梁守槃的组织协调与讲授工作为之作出了重要贡献。

2. 坚定信心 发展导弹

在国防部五局、国防部五院筹建和创建初期，苏联对帮助中国发展导弹技术上的摇摆，在国防部五局、五院的干部、科技人员中也引起了不小的思想波动。大多数人认为，国防部五局、五院既已成立，又调集了一些科技人员等，就应横下一条心，开始行动，不宜停止，更不能后退。但也有人认为，没有苏联援助，对于导弹只有钱学森等极少数人看见过，盲目开展，只能是白白浪费人力、财力、物力，很难得到成果。聂荣臻在了解了这些思想波动后，1956 年 10 月 15 日，在向中央的报告中提出，中国的导弹研制应采取“自力更生为主，力争外援和利用资本主义国家已有的科学成果”的方针。10 月 17 日，毛泽东主席、周恩来总理批准了这个方针，这就是国防部五院的建院方针。钟夫翔在传达这一方针时说：“毛主席很赞成这一方针，认为不但可以作为国防部五院的工作方针，而且可以适用于新兴工业部门。”

党中央和毛主席的这一批示，明确了中国导弹事业的工作方向，统一了思想认识，解决了国防部五院在工作方向上的争论。“坚信中国人行，不迷信外国人”的信念，梁守槃早在清华大学读书和在麻省理工学院留学时，就已在思想上扎下了根。所以，他一直主张：苏联提供技术资料、派遣专家固然好，可以缩短我们探索的历程，发展得快一些。如果苏联不援助，我们就应痛下决心，自己动手干，走自己的路。在一次计划会议上，当有人直率地谈道：“你没有看见过导弹，就说可以研制导弹，岂不是夸夸其谈？”梁守槃义正辞严地指出：“第一个没有看见过导弹而敢说可以研制导弹，且研制成功了导弹的绝对不是我，是德国 V-2 导弹的总设计师冯·布劳恩。”

冯·布劳恩，W.von（Wernher Von Braun），美国著名火箭专家，1912年3月23日出生于德国维尔西茨（今波兰维日斯克），1932年毕业于柏林学院，1934年获柏林大学物理学博士学位。1932年，冯·布劳恩受聘于德国陆军军械部，作为瓦尔特·多恩伯格的主要助手，从事火箭研制。1934年，他研制成功A-2火箭；1937年到佩内明德研究中心，任技术部主任，领导研制A-4火箭（即V-2火箭）。第二次世界大战结束后，冯·布劳恩到美国陆军装备设计研究局工作，先后领导研制成功了“红石”“丘辟特”“潘兴”等弹道导弹和“丘辟特-C”运载火箭（后改称“丘诺1号”），此火箭成功发射了美国第一颗人造地球卫星探险者1号。1958年10月，冯·布劳恩任美国国家航空航天局领导成员；1960年至1970年任马歇尔航天中心主任；1961年兼任肯尼迪总统空间事务科学顾问，分管阿波罗登月工程，领导了土星号运载火箭研制；1970年担任美国国家航空航天局主管计划副局长。1977年6月16日，冯·布劳恩卒于美国弗吉尼亚州亚历山大。

梁守槃还信心十足地说道：“我国的科学技术、工业技术虽然落后，但现在1956年的技术水平，绝不会低于德国1936年的技术水平，我们应当比20年前的德国人更有信心。既然德国人在20年前研制成功了导弹，我们中国人在20年后的今天，也一定能研制成功导弹。”与其谈话的人是想摸摸梁守槃的底，梁守槃的一席回答充分表明了他的坚定信心，也使谈话者增添了发展中国导弹事业的信心和决心。

还有人问：“梁守槃同志，你对研制出火箭发动机有无信心？有没有把握？”他毫不犹豫地回答：“信心是有的，中国人也一定能研制出火箭发动机。但我事先声明，在研制中发生火箭发动机起火，甚至是爆炸是不可避免的，要经过一系列的试验才能研制成功。”当时有人不理解他的这一符合科学规律、实事求是的表态，甚至有人曲解为：“他本来毫无信心，所以先留下后路，说是会发生起火、爆炸。”实践是检验真理的唯一标准，后来的火箭发动机研制发展历程，证明梁守槃的这一论断是实事求是和符合科学发展规律的。

史实充分地证明，在中国导弹事业创建和起步阶段，梁守槃是一位充满信心，坚持自力更生、独立自主发展导弹事业的带头人，他从心底里拥护“自力更生为主，力争外援和利用资本主义国家已有的科学成果”的方针，并终生践行。

3. 担任主任 拆装“P-1”

万事开头难。国防部五局、五院的组建，没有一个老机构作为基础，完全是平地起家，一切从头搞起。中央军委批准，将总参谋部北京 106 疗养院（阜成路 8 号）、124 疗养院（后为总装备部科技情报所驻地）和北京军区空军 466 医院（现已退还给北京军区空军）腾出，用作国防部五局、五院的办公、生活用房。党政、科技和后勤人员都要从有关单位遴选、抽调，面临的困难是巨大的。研制导弹在我国又是史无前例的创举。面对这崭新而又复杂的宏伟工程，在既无图纸、技术资料，又缺少仪器设备的情况下开展工作，其艰难程度不言而喻。

创建工作如火如荼地展开，梁守槃和中国导弹技术的拓荒者们如饥似渴地学习着导弹的专业技术知识。组建工作也在紧张有序地进行着，1956 年 11 月 23 日，聂荣臻批准国防部五院下设 10 个研究室：六室（总设计师室即总体技术室），主任为任新民；七室（空气动力研究室），副主任为庄逢甘；八室（结构强度研究室），主任为屠守锷；九室（发动机研究室），主任为梁守槃；十室

（推进剂研究室），主任为李乃暨；十一室（控制系统研究室），副主任为梁思礼；十二室（控制元件研究室），副主任为朱敬仁；十三室（无线电技术研究室），副主任为冯世璋；十四室（计算技术研究室），副主任为朱正；十五室（技术物理研究室），副主任为吴德雨。梁守槃担任发动机研究室主任，成为中国导弹与航天事业初创时期十大研究室技术领导之一，被载入航天史册。

1956 年 11 月 30 日，苏军总部通知聂荣臻、陈赓：两发 P-1 导弹（苏联仿制德国的 V-2 导弹称为 P-1 导弹）及其配套设备即将运往中国，同时有 13 名专家一起抵达。12 月 25 日，中苏双方代表商谈两发 P-1 导弹移交程序，并进行了实物讲解。中国参加听课的人员主要是有关操作使用和维护保养人员、技术人员、专家和翻译等，约 50 人。中方代表为钟夫翔、林爽、刘大祥等；苏方代表为普列奥布拉任斯基等。12 月 29 日，中苏双方举行了两发 P-1 导弹及其配套设备交接验收及签字仪式，任新民和库兹涅佐夫分别代表中方、苏方在交接验收协议上签字，中方安东、钟夫翔、林爽、梁守槃、史成章等出席了签字仪式。

自此，中国有了两发 P-1 导弹。其中一发是供教学训练用的解剖弹，另一发是完整的、可供拆装、可以加注推进剂进行点火发射的导弹。有了这两发液体近程弹道导弹，国防部五局、五院各方面的工作更加轰轰烈烈地开展起来，广大科技人员、干部、工人，特别是广大科技人员，更是斗志昂扬、意气风发，一方面，在前一阶段进行的导弹技术理论知识学习的基础上，结合实物，增加感性认识，理论结合实际；另一方面，组织对那一发完整的 P-1 导弹进行拆装、测绘和有关的地面测试练兵工作。六室负责 P-1 导弹拆装的抓总工作，还从空军请来了两位机械师帮助拆装。六室的结构组同有关研究室的相关人员共同研究制定了拆卸的工艺流程，确定先拆哪个部件，后拆哪个部件，拆下的部件、组件放在什么地方等。负责拆装的人员还为大部段做好了存放的支架，为小零件准备了包装纸袋。

拆卸时，操作人员都十分小心谨慎，有条不紊地把一发完整的 P-1 导弹拆卸成部段、部组件和零配件。导弹的重要部位和仪器设备由机械师试拆，简单部分由拆装人员轮流干。整个拆卸分解工作用了 10 天时间。

紧接着由各研究室按专业对 P-1 导弹有关部组件、零配件进行测绘、测试。总设计师室在拆卸现场对大部段进行测绘，并对全弹和大部段绘制草图；全套发动机交给发动机研究室进一步拆卸，然后进行测绘；控制系统研究室和无线电技术研究室分别将各自专业的仪器、仪表、设备、器件和电缆网等，拿回办公室测试、测绘。

按测绘要求，绘制部组件、零配件的机械图，除注明尺寸公差外，还需标明所使用的材料及组分。为此，在总设计师室主任任新民的主持下，以国防部五院的名义正式向二机部第四研究所（后为航空工业部材料研究所）提出了请其协助鉴定材料组分的部组件、零配件清单。二机部第四研究所的科技人员在所领导荣科、吴世泽的带领下，大力协同，积极配合，仅用了一个多月的时间就完成了国防部五院提出的部组件、零配件材料的化验分析和组分鉴定工作，1958 年年初，二机部第四研究所陆续给国防部五院提交了分析化验和鉴定报告。

经过半年多紧张、忙碌而有序的工作，拆卸、测试、测绘和材料分析化验工作全部完成，然后进行重新装配，部组件、零配件一个不少，除一根2米长的细空气导管在调整形状时断裂外，其他都没有损伤。拆装人员最后用吸尘器将导弹舱内打扫得干干净净，又用细布擦拭了导弹的外表面，一个完完整整、油光锃亮的P-1导弹又雄踞在库房中。

梁守槃抓住契机，带领发动机研究室的科技人员，反复观察分析P-1解剖弹，并组织有关人员对发动机的工作原理、结构特点等，进行研究、讨论，将前一时期的技术理论培训进一步深化，增加了感性认识。当拆卸下来的整套发动机拿回发动机研究室后，他精心组织了进一步的拆卸分解，按部组件指定专人负责，将大大小小的减压器、活门等逐个拆开，然后进行测绘。在拆卸和测绘中，他要求科技人员要对工作原理、结构特点、材料选用等，提出分析研究意见。这实际上就是为日后的仿制和反设计做准备，知其然，并知其所以然。

两发P-1导弹在中国导弹技术创建史上发挥了特殊的开拓性启蒙作用。年轻的中国导弹技术的拓荒者们开始从感性上认识导弹技术，学习有关的导弹基础知识，对中国导弹科技队伍的锻炼成长发挥了举足轻重的作用。

后来，苏联又向中国提供了P-2近程液体弹道

梁守槃在西昌卫星发射中心

导弹（P-2 导弹是苏联在 P-1 导弹的基础上改进研制成功的），中国的液体弹道导弹从仿制 P-2 导弹起步，不再仿制 P-1 导弹。最初的两发 P-1 导弹在国防部五院完成历史使命后，又派上了新用场，解剖的 P-1 导弹于 1958 年春，运往哈尔滨军事工程学院；另一发经过拆装的 P-1 导弹于 1958 年夏，运到北京航空学院。这两发导弹将继续为中国培养新一代的导弹与航天科技人才的教学工作发挥作用。

梁守槃

梁守槃院士传记

Academician Liang Shoupan's Biography

第五章

创建开拓　弹道导弹

国防部五院一分院于1958年4月成立弹道式导弹总体设计部（代号一部），梁守槃被任命为一部主任，主持一部的组织机构、科研队伍和管理制度建设，并被任命为“1059”导弹总设计师，主持仿制工作。

国防部五院创建初期，国际、国内形势不断变化，国防部五院的工作日新月异地发展着，组织机构与体制也随之不断调整。苏联原在1956年4月曾表示可向中国提供导弹技术资料和专家，帮助中国建立导弹工业。不料风云突变，1956年9月下旬，苏联政府向中国政府发来照会：中国不具备发展导弹工业的基础，应当先选派一批中国留学生赴苏联学习，等这些留学生毕业回国后，再谈提供技术资料和派赴专家的事情。1957年7月，苏联领导人向中国提供新技术援助的态度有所松动。9月上旬，中国派出了以聂荣臻为团长，陈赓、宋任穷为副团长的中国政府代表团赴莫斯科，同以苏联部长会议副主席别尔乌辛为首的苏联政府代表团，就苏联向中国提供新技术援助问题进行谈判。10月15日，中苏双方就苏联在导弹、航空和原子能等新技术方面援助中国签订了协定，即《中华人民共和国政府和苏维埃社会主义共和国联盟政府关于生产新式武器和军事技术装备以及在中国建立综合性原子工业的协定》(简称《国防新技术协定》)。《国防新技术协定》有关部分明确：在1957年至1961年年底，苏联向中国提供几种导弹样品和有关资料；派遣帮助中国仿制导弹的技术专家；提供导弹研制和发射基地的工程设计资料；增加中国派赴苏联的火箭与导弹专业的留学生名额；等等。

《国防新技术协定》的签订，使中国导弹事业的创建发展获得了新的契机。1957年11月9日，国防部五院提出《关于导弹研究院的体制意见的报告》，组建国防部五院总院、一分院和二分院。以国防部五院机关为基础组成总院；以国防部五院10个研究室中的六、七、八、九、十室为基础，组成一分院，负责各类导弹的总体设计和弹体、发动机研制；以国防部五院的十一、十二、十三、十四、十五室和中国人民解放军军事电子科学研究院为基础，组成二分院，负责各类导弹控制系统研制。11月21日，聂荣臻予以批准。

梁守槃随国防部五院九室调赴一分院，开始了液体弹道导弹技术的开拓与创建工作。

1. 委以重任 建总体部

继1957年11月21日聂荣臻批准国防部五院成立总院、一分院、二分院之后，国防部五院于1958年4月决定成立一分院弹道导弹总体设计部（代号一分院一部）和液体火箭发动机设计部（代号一分院三部）。梁守槃被任命为一分院一部主任。五院一分院院址开始设在北京军区空军466医院原址；1957年12月3日，由466医院原址迁往北京云岗地区原马列学院二分院院址；后二机部四局211厂承担弹道导弹总装任务，作为总装厂，并开始进行技术改造，1958年8月8日，国防部五院一分院从北京云岗地区迁入南苑地区；1958年10月，211厂正式划归国防部五院，1959年2月18日归入一分院建制。

值此之际，一分院一部、一分院乃至整个国防部五院的组建工作，正紧锣密鼓地开展着，其任务十分艰巨、紧迫而繁重。作为一部主任的梁守槃使命在肩、责任在身，紧要的是一部自身的建设，包括一部组织机构的设置、科研生产队伍的组建、各项规章制度与管理办法的制订等，工作千头万绪、纵横交错，头等重要的还是仿制P-2液体近程弹道导弹的任务。

梁守槃（中）和刘川诗（左）、屠守锷（右）在一院一部30周年庆典上

在一院一部40周年庆祝会上，梁守槃（左）与谢光选（右）亲切交谈

梁守槃工作起来有条不紊、忙而不乱，紧张但不畏葸，他将各项工作进行了梳理和排队，按照各司其职、各负其责的原则，充分相信各岗位工作人员，并调动有关人员的积极性。对关键性的、事关全局的工作，他当仁不让，事必躬亲。如，苏联提供设计的国防部五院四大工程已全面展开，包括

“8102”（一分院建设工程）、“8103”（一分院液体火箭发动机试验站建设工程）、“8108”（空气动力研究中心建设工程）、“8109”（二分院建设工程）四个基建工程。他深知这四大工程都与中国液体弹道导弹的发展密切相关，是关乎全局的百年大计，一部作为总体设计部应尽职尽责，做好技术支持工作。他组织一部有关人员，就有关工程的设计任务书和初步设计进行认真研究、讨论，提出中肯而有益的意见。对于一部机关的设置，特别是科研生产管理部门的设置，他都亲自过问、审定。对于科研生产队伍的建设，他更是煞费苦心，从国内大学毕业生、到留苏归国毕业生的选调，他都亲自审核，考量所学专业与所从事的工作是否合适。他还主持研究制订了有关的规章制度和管理办法，特别是关于科研生产方面的内容，倾注了大量的心血和艰辛的劳动。

正是由于国防部五院、一分院、一部各级党委的强有力的领导，包括梁守槃等在内的各级领导夜以继日、废寝忘食的工作，才使一部工作迅速投入运转，并步入正轨，保证了 P-2 导弹仿制工作顺利进行且获得成功。梁守槃作为一部的首任主任，居功甚伟。

2. 出任总师 仿制“P-2”

20 世纪 50 年代中后期，国内外风云变幻，政治运动接二连三。1957 年，在不平凡的春天里开展了轰轰烈烈的大鸣大放和“反右运动”；1958 年年初开始进行反浪费运动；接着全国掀起了高举大跃进、人民公社和总路线三面红旗的运动；1959 年庐山会议后，全国又掀起了批判彭（德怀）、黄（克诚）、张（闻天）、周（小舟）反党集团，反对右倾机会主义的斗争。这些政治运动对国防部五院及所属各单位，包括一分院和一分院一部，都产生了相当的冲击。好在有聂荣臻副总理的直接领导，国防部五院及所属各单位的工作得以减少或避免了损失。梁守槃这样出身官宦，家庭成员和社会关系十分复杂，父亲、母亲、弟弟、妹妹都在美国的人，在一次次的政治运动中能够安然无恙，主要是有聂荣臻的领导与关怀，为知识分子，特别是从旧社会走过来的高级知识分子撑起一把有力的保护伞；另则与梁守槃正直坦荡，敢于直言但又慎言，据理力争、有理有据不无关系。

1957年12月24日，按照中苏双方签订的《国防新技术协定》，两发苏制的P-2导弹及其一套地面设备运抵云岗驻地，苏军一个缩编的P-2导弹营（102人）也同时到达。与此同时，为学习苏制P-2导弹的战斗操作，国防部五院和炮兵司令部等单位联合组建了炮兵教导大队，下设四个连：指挥连、技术连、发射连、运输连。炮兵教导大队第一期学员（683人）于1958年1月13日正式开始训练，包括国防部五院、总参、总后军械部、哈军工等单位的人员，由苏军P-2导弹营的官兵讲课并进行操作示范。1958年4月8日，炮兵教导大队在北京南口镇西南的坦克靶场进行了P-2导弹武器系统的实战操作演习，4月下旬，苏军导弹营官兵全部回国。1958年6月5日，教导大队成立第一教导营（P-2导弹教导营）和训练处，教导营负责培训地地导弹部队的操作使用人员；训练处负责培训导弹部队的基层干部和技师。梁守槃等锐敏地感悟到，作为导弹总体设计人员，了解并掌握导弹的使用与操作是非常必要的，也是很重要的。所以，一部积极配合教导大队的工作，并派出了得力的科技人员参加教导大队的训练。如沈辛荪（后来曾任一部主任和一院院长），谢光选（后来曾任一部主任、一院副院长，中国科学院院士），戚发轫（后来曾任五院副院长、院长，中国工程院院士）等，当年都曾在教导大队接受过训练和培训。

在这期间，仿制P-2导弹的工作也在大力推进。1958年4月28日，国防部五院决定，将中国仿制的P-2导弹代号定为“1059”。5月29日，聂荣臻向国防部五院部署“1059”导弹的仿制工作，要求第一批导弹于1959年9月完成总装出厂，争取国庆节试射。6月28日，P-2导弹武器系统第一批图纸资料到京；7月28日，部分弹体图纸译制完毕，发往承制厂，开始仿制的生产准备工作，各设计单位也先后组成下厂工作组，协调解决仿制生产中的技术问题。

随着“1059”导弹仿制工作的开展和全面铺开，作为总体设计部主任、导弹总设计师的梁守槃，其工作的忙碌可想而知。1959年3月31日，国防部五院任命仿制“1059”导弹的技术指挥员，梁守槃任导弹总设计师，任新民任发动机总设计师，黄纬禄任控制系统总设计师，郝复俭任陀螺仪表总设计师。梁守槃的首要工作是理顺设计单位与仿制生产厂的关系，协助解决生产中工艺纪律不严、产品质量不好的问题。当时的大部分仿制厂都是从事航空产品生产的工厂，因为导弹和飞机有很多相似之处，所以在工厂遇到的第一个难题就是导弹的图纸标准问题。承担导弹仿制任务的工厂采用的是苏联航空标准，厂方领导与技术人员认为：工厂的图纸一直采用苏联的航空标准，与导弹图纸标准不一样，建议统一起来。梁守槃与国防部五院设计人员，反复地说明导弹与飞机是不同的，坚持仿制导弹就应采用导弹的图纸标准，厂方还是将信将疑。这个问题被提到了苏联专家那里，苏联专家理直气壮而且毫不客气地说：“现在仿制的是导弹而不是飞机，仿制飞机采用飞机的图纸标准，仿制导弹当然要采用导弹的图纸标准。我们是世界上第一个成功地发射人造地球卫星的国家（当时美国尚未成功发射人造地球卫星），其中的经验是值得重视的。”后来，又经过有关领导做工作，导弹的图纸标准执行问题才得以解决。

接踵而来的是国防部五院设计师单位的地位问题。参加仿制的很多工厂都认为：现在有了苏联的资料和专家，工厂完全可以完成仿制任务，用不着由国防部五院的人员来转手，充当设计师。在一次国防部五院与三机部（当时的国防工业部）的机关联席会议上，有人甚至说：“我们的工厂是由国防工业部和地方省委双重领导的，国防部五院的设计员凭什么要领导我们的仿制工作？”梁守槃听后，据理力争，他幽默地解释说：“国防部五院没有想要领导工厂行政工作的意思。设计员受所在单位的委派，在苏联专家的指导与帮助下，到工厂了解产品工艺流程和产品质量，就像交通警察在马路上指挥车辆一样，不能说是交通警察领导汽车所属的单位……”说得大家哑口无言。类似的大大小小的唇枪舌战为数不少，梁守槃从不含含糊糊、模棱两可或放弃设计部的原则和观点。已划归国防部五院、负责总装的 211 厂，也发生了类似情况。后来中央组织部决定将 211 厂的组织关系由北京市委转到国防部五院一分院，这种对立情绪才得以逐渐消除。

理顺关系，搞好设计师单位与生产厂的协作关系并非易事，需要时间和实践的磨合。首要的当然是直接领导中国导弹事业的聂荣臻副总理的科学指导思想和睿智决策，国防部五院和国防工业部各级领导识大体、顾大局，这使设计、工艺、生产之间的关系和科研与生产单位的协作关系更为密切和融洽。此外，梁守槃实事求是、坚持原则、以理服人、义正辞严的据理力争，也发挥了不可替代的作用。很多工厂的有关人员都交口称赞："梁守槃可不是等闲之辈，有理论、有实践，又思维敏捷。他认准的事，就别和他争论。"

仿制导弹是中国史无前例的壮举，遇到的矛盾和问题随处可见，作为导弹总设计师和总体设计部主任的梁守槃，处事不慌，遇险不惊，果断而负责地处理和解决了仿制中的各种问题，包括导弹总体与各分系统的协调问题、设计人员下厂参加仿制生产问题、反设计工作组织问题、超差代料问题等。他沉着应对，问题迎刃而解，从而保证了"1059"导弹仿制工作的顺利进行。

3. 抓反设计 知所以然

聂荣臻副总理在开始仿制 P-2 导弹工作时就指出，导弹是一种新兴武器，各国都在不断地发展，我们引进国外技术的目的是为了促进自力更生，而不是为了不断地引进仿制。如果把引进的各种图纸资料，分别交给各工厂去仿制，则成功之后将是只知其然而不知其所以然，更不可能理解总体和各分系统之间的内在联系，也就难以自行设计新的和更高一级的导弹及分系统。因此，总装厂必须留在国防部五院，各分系统安排在国防工业部已有的工厂仿制，但也应由国防部五院对资料和图纸进行翻译后，分发给仿制工厂，国防部五院应会同苏联专家下厂执行设计师职责。聂荣臻还指示：虽然引进了多类导弹的图纸与资料，包括弹道式导弹、防空导弹（地空和空空导弹）、海防导弹（岸舰和舰舰导弹），但在仿制成功一个型号后，应立即转入新型号的改型设计和独立研制，"丢掉洋拐棍，走自己的路。"

聂荣臻的这些指示，不仅明确了仿制工作的任务，即知其然也要知其所以然，而且为后续的改型研制和独立研制指明了方向。梁守槃从心底里拥护聂老总的这些指示，他向钱学森提出来：我们是不是搞一个反设计？假定苏联没有给我们图纸，只有这个导弹的指标，就是要飞起来打600千米，我就以600千米的指标，按照设计公式来设计，设计以后跟苏联的资料对比，尺寸一样不一样，各方面一样不一样，如果有不一样的地方，也就是苏联专家说的“会摔下去”的地方，应该找出来为什么我设计的跟理论公式不一样，而苏联那个理论公式是怎么样得到的，找出理论与实际之间的联系。他积极地组织一部的设计人员将自己的设计思路、设计、计算结果，与引进的苏联产品、图纸、资料相对照，用苏联已经定型的图纸、资料和实物产品验证自己的设计、计算是否正确，包括射表中各装定诸元的计算。如果不一致，应从设计和计算公式中找出原因，实在搞不清楚时，可以就近请教有关的苏联专家，和专家讨论，直到弄个水落石出为止。至此，反设计的方法有了雏型。

梁守槃要求参加反设计的科技人员都按时提交技术报告，并进行逐级审查。他对审查工作十分认真，对其中的有些计算公式还亲自推导复核，同有关的设计人员进行讨论，直至弄清楚、弄准确为止。

反设计工作的开展和所取得的科技成果，为仿制工作提供了技术支持和保证，加快了仿制进程。例如，在处理超差代料问题时，由于搞清了“所以然”，因此处理起来就更心中有数了。在仿制中，超差代料问题一直困扰着仿制人员。随着仿制工作的深入，设计和工艺、生产人员都更加注意产品质量，进一步强调按苏联图纸生产，必然增加材料、元件和测试设备的进口。由于中苏关系开始出现裂痕，进口愈加困难，出现了停工待料现象，而且日趋严重。鉴于此，聂荣臻副总理于1959年7月22日，在国防部五院党委上报的《关于“1059”试制生产中采用代料问题的请示》上批示：“外料未到，应用国料试制，不要专赖外援，在试制过程中可能遇到失败，绝不可怕，只有在不断试制过程中才能取得经验，材料也可能在试制过程中找到出路。”梁守槃非常赞同聂老总的批示，但在未开展反设计前，对某些产品的性能、工作原理、设计思想没有搞透，对超差代料的处理和决策就比较困难，有了反设计的成果，就比较容易下决心了。

更为有意义的是，通过反设计工作的开展，设计人员得到了锻炼，增长了知识与能力，为后续的改型研制和独立研制新的弹道导弹，奠定了人力资源的基础。在“1059”导弹仿制成功后，一批在仿制工作中业绩突出、贡献大的科技人员被评定为工程师（一分院239人，二分院159人）。这批人后来都成长为中国航天事业的科技骨干，如孙家栋当选为中国科学院院士、国际宇航科学院院士，曾任中国空间技术研究院院长、航天部和航空航天部副部长、航空航天部科技委主任，曾任多项大型航天系统工程总设计师，荣获中共中央、国务院、中央军委授予的“两弹一星”功勋奖章，荣获2009年度国家最高科学技术奖；沈辛荪曾任中国运载火箭技术研究院党委书记、院长，曾当选为全国人大常委会委员；刘从军曾任中国航天三院副院长、二院院长，曾当选为全国政协委员；戚发轫曾任中国空间技术研究院院长，当选为中国工程院院士。除此之外，当年参加“1059”导弹仿制的刘宝镛当选为中国科学院院士，曾广商当选为中国工程院院士。仿制“1059”导弹，确实达到了聂荣臻提出的“出成果，出人才”的目标。

4. 组织下厂 增长才干

在领导和组织仿制“1059”导弹的工作中，梁守槃非常清楚设计人员深入到生产厂，同工艺人员、生产工人相结合，是非常必要的，也是增长才干、积累实践经验的重要途径。

梁守槃用自己从事航空发动机仿制和教学设施设备制造与建设的实践经验，现身说法，动员设计人员到生产第一线去，力主设计人员、工艺人员、生产工人三结合。当时设计人员下厂并非易事，首先是明确设计人员的责和权，理顺设计师单位与生产厂、设计人员与生产厂技术人员和生产工人的关系。梁守槃率先垂范，作为导弹总设计师和总体设计部主任，深入仿制厂，与厂领导协商、协调，从领导层面明确设计人员的责和权；同时，他也要求总体设计人员积极主动地同分系统设计人员、工厂的工艺等技术人员、生产工人以及管理人员搞好关系，用自己热情而诚恳的态度和有见地的技术见解与解决技术问题的能力，赢得了仿制厂领导、技术人员和工人的信赖，保证了设计人员责、权的履行。

当时在设计人员中，也有人对下厂参加仿制兴趣不大，认为会浪费时间，影响自己技术理论水平和业务能力的提高，不愿意下厂，或下厂后不愿意到车间现场，而待在招待所里苦读技术理论书籍。梁守槃发现这些情况后，从“实践—理论—再实践”认识论和理论与实际相结合的高度，并结合自己和自己熟悉的科技人员的实践，耐心细致地做说服工作，反复强调，到工厂去，到实践中去，是设计人员提高技术水平与业务能力的重要途径。同时，他还要求下厂设计人员在结束下厂后，要写出工作总结和相应的技术报告。他还组织召开下厂设计人员经验体会交流会，以达到相互启发、共同提高的目的。

通过梁守槃一系列细致而有力的组织与动员工作，在总体设计部，设计人员下厂蔚然成风，成为设计人员的自觉行动，从而保证了仿制工作的顺利进行和圆满完成，设计团队从中也得到了切实的锻炼与提高。

到 1959 年冬，导弹箱体和大部分零配件已经制成，1960 年春，“1059” 导弹完成了静力试验。

5. 深入实际 解决难题

苏联向中国提供的 P-2 导弹和所提供的图纸是一致的，在仿制中，梁守槃强调严格按照苏联提供的图纸进行仿制。但在仿制中他发现，有些产品所需的原材料，当时中国还不能生产。例如，导弹上的环形气瓶，苏联提供的图纸规定要用冷轧钢板冲压成两个半环，回火后焊接。但中国当时不能生产这种冷轧钢板，梁守槃去问苏联派到总体设计部的总体副总设计师米留申，环形气瓶是否可以使用同样成分的热轧钢板。米留申是一位比较拘谨的人，从不谈来华任务范围以外的问题。米留申审慎地说：“冷轧钢强度大。”梁守槃立即追问：“在冲压成形后还进行回火焊接，那原来的冷轧效应不是已经消除了吗？”米留申无奈而委婉地说：“从理论上讲，你的话是对的，但我们只能说，按照我们图纸

在1960年春节茶话会上，梁守槃（右）代表中国专家组向苏联专家组组长米留申祝酒

规定的条件进行生产，可以制造合格的产品。而不是说不可以用其他材料代替，这已经超出了我的任务范围。”梁守槃听后已经心知肚明。实践证明，用热轧钢同样生产出了合格的环形气瓶，梁守槃的分析判断是正确的，并在实践中得到了验证。

在液体弹道导弹仿制中，还遇到了一个用料上的关键问题，就是能否使用国产液氧的问题。当时，苏联来到国防部五院一分院的专家组总组长潘克拉托夫提出：“液氧必须从苏联进口。”液氧是超低温、高挥发性，且易燃、易爆的液体，靠铁路或公路槽车从苏联运来存在几乎解决不了的技术难题，即使运来了也所剩无几。特别是后来，赫鲁晓夫又单方面撕毁合同，停止向中国提供各种军用物资，包括

1959年秋天，梁守槃（左）、米留申（中）、任新民（右）在北京香山公园

液氧、不锈钢等。使用苏联液氧已不可能。中国的兰州化学实业公司生产液氧，并对国产液氧进行了分析化验，分析化验得出的数据与苏联液氧样品进行比对，都满足苏联技术资料提出的技术指标要求。能否使用国产液氧作为发动机的氧化剂问题已摆在面前。为解决这一难题，国防部五院一分院负责技术工作的林爽副院长召集总体设计部、液体火箭发动机设计部、一分院试验站等单位的有关人员，研究讨论能否使用国产液氧的问题。总体设计部、液体火箭发动机设计部等有关单位的大多数人员，都认为可以用国产液氧替代苏联液氧。总体设计部主任梁守槃的意见更是明确而坚决，他说："经过多次严格的分析化验，国产液氧完全符合苏联技术资料中提出的液氧的技术指标要求，当然可以用。"他还进一步指出："国产液氧的分析化验数据已写明杂质数量，可以做一个简单的计算，把整个贮箱液氧的杂质都集中在一起，让它们同时氧化，所产生的气体也不会引起过大的压力增强，何况这些杂质绝对不可能集中在一起。关于此事，我可以立军令状！"后来，液体火箭发动机设计部的科技人员还将兰州化学实业公司生产的液氧的分析化验资料送交发动机专家组组长施尼亚金。施尼亚金以科学的态度，反复查验了样品和分析化验数据，对照P-2导弹液体火箭发动机推进剂的技术要求，坚定而明确地表示："中国生产的液氧性能完全符合设计

技术要求，可以使用。”后来，一分院和国防部五院的领导决定使用国产液氧。最后，在用国产推进剂发射苏制 P-2 导弹前，周总理在紫光阁召开了一次高级军事会议，与会者一致表示同意使用国产推进剂，周总理在呈送的报告上批示：“同意。”1960 年 9 月 10 日，经过拆装练兵的 P-2 导弹在发射试验基地进行发射飞行试验，获得成功，检验了发射基地设施，训练了发射操作人员，为发射仿制的“1059”导弹积累了经验。这次飞行试验所采用的液氧、酒精和过氧化氢，分别是由兰州化学实业公司、北京酿酒总厂和天津东方化工厂试制生产的。此后，“1059”导弹的发动机试车和导弹发射，全部使用国产推进剂。

另一个关键是解决试车台上用的耐高压、耐腐蚀，用于贮存硝酸和过氧化氢的高压容器的问题。按照苏联的技术资料规定，这种既耐高压又耐腐蚀的容器要用进口的不锈钢焊制。1960 年，原来向苏联订购的不锈钢，被赫鲁晓夫禁运了，西方国家的“巴黎统筹委员会”也禁止向中国出售不锈钢，而当时中国又不能制造这种不锈钢，这成了试车台建设中的“卡脖子”问题。睿智的梁守槃基于对篮球、排球、足球等的结构观察，萌生了“双层容器”的设想，即以纯铝为内胎（因为纯铝具有较好的耐腐蚀性和可塑性），以强度高、耐高压的钢材为外壳的“双层容器”。他将这一构想向时任国防部五院副院长的王诤作了汇报，并得到了支持。后经方案设计，绘制图纸、试制、试验等一系列工作，终于制成了既耐高压、又耐腐蚀的双层容器，解决了发动机试车的急需，保证了“1059”液体火箭发动机仿制工作的顺利开展。这个项目在 1964 年国家科委举办的全国工业新产品展览会上荣获了三等奖。

1960 年 4 月，梁守槃奉调离开一分院弹道导弹总体设计部，在整整两年的时间里，他在弹道导弹总体设计部的创建和“1059”导弹的仿制中，做了大量有益而卓有成效的工作，为“1059”导弹的仿制成功奠定了坚实的基础。

同年 11 月 5 日，中国仿制的第一发“1059”液体近程弹道导弹一举发射成功。当天晚上，聂荣臻在发射基地举办的庆祝宴会上发表了热情洋溢的讲话：“在祖国的地平线上，飞起了我国自己制造的第一枚导弹。这是毛泽东思想的伟大胜利，是工人、技术人员、干部以及解放军指战员辛勤劳动的结果，也是我国军事装备史上一个重要的转折点。”

中国导弹事业的开创者们一鼓作气，乘胜前进。1960 年 12 月 6 日和 16 日又分别进行了两发“1059”导弹的飞行试验，均获成功。尔后进行了两个批次的投产，并装备部队。中国仿制 P-2 导弹的任务圆满完成。1964 年 3 月 12 日，经中央军委批准，总参谋部和国防科委颁发了各类导弹、火箭的命名和代号编排的规定，其中“1059”地地导弹改称“东风一号”，原“东风一号”改称“东风三号”。

6. 新型导弹 方案论证

来华的苏联专家曾透露：“P-2 导弹还有潜力可挖，苏联曾做过改型设计，只要加大发动机的工作压力和推力，并加大推进剂贮箱的容积，射程就可以增大一倍。我们已试制成功，但未列装。你们可以照此试试。”国防部五院领导接受了这个建议，开始进行方案设想和初步的方案论证工作。梁守槃时任弹道导弹总体设计部主任，领导并主持了初步论证工作。1959 年 12 月，总体设计部提出，在“1059”液体近程弹道导弹的基础上，改进设计一种射程 1000 千米的型号。1960 年 3 月 7 日，国防部五院根据总体设计部的意见，决定在“1059”导弹基础上，改进设计一种中近程地地导弹，命名为“东风二号”。1960 年 8 月 14 日，以王秉璋、王诤去北戴河向聂荣臻汇报苏联专家撤走后，国防部五院的工作情况及今后工作的意见。聂荣臻作了重要指示，其中谈道：在“1059”导弹基础上改进的东风二号中近程导弹可以定为一个型号，改进的总比自行设计的来得快，要一关一关地过，先过“东风二号”的关，再过自行设计的中程导弹东风一号（1964年3月后改称“东风三号”）的关。

梁守槃在任期间，积极而认真地组织有关的科技人员，进行分析、研究、计算和初步方案的论证，并提出了总体设计部的意见：改进研制可以较快做成。关键问题主要是加大发动机工作压力和工作时间，并需研制两个较大的推进剂贮箱，增加推进剂。控制系统参数应做相应调整，仪器舱仍和P-2导弹一样，放置在两个推进剂贮箱之间。他们还提出：既然导弹射程增大一倍，则发动机的工作时间必将加长，因此，改进的发动机应在发动机试车台上做全程试车，考验合格后再试制装弹。后来，经过改型研制的东风二号导弹成功地进行了飞行试验，梁守槃领导的总体设计部所提出的方案通过了实践检验。

早在1957年年初，苏联帮助中国发展导弹工业的态度尚不明朗，但中国已决心自力更生地开创导弹工业，4月1日，国防部五院拟定了地地中程弹道导弹研制任务书。1958年1月10日，国防部五院制订了《喷气与火箭技术十年（1958~1967年）发展规划纲要》，提出研制战略地地中程弹道导弹，6月20日，国防部五院一分院在型号研制规划中提出东风一号中程导弹研制任务，计划1958年年底开始初步设计，射程为1500~2000千米，8月16日~11月6日，在国防部五院召开的四级干部会议上，确定东风一号中程导弹的研制为一分院三大研制任务之一。这个任务的前期方案论证工作无疑落在了弹道导弹总体设计部头上。

这一中程导弹射程的要求以及作战要求，必然提出加大发动机推力，增大推进剂贮箱容积，携带更多的推进剂，延长发动机工作时间；也必然涉及到导弹最大直径的选取问题。另外，根据作战使用要求，导弹可以长期待命发射，这就有一个推进剂的选取问题，要求推进剂既可以长期贮存，又能具有较高的比推力。针对这些问题，梁守槃组织并亲自参加东风一号导弹总体技术方案的初步论证工作，他们根据射程要求计算所需推进剂的数量，按不同的弹径、不同的推进剂（不同的比推力）进行多种组合的计算。梁守槃组织有关的设计人员和计算员使用当时仅有的手摇计算机和计算尺，夜以继日地进行计算，分析、研究最佳的弹径与弹长的组合。总体设计部一室提出，液体中程弹道导弹的最大直径应选在 2.25~2.4 米之间，梁守槃又组织了进一步的讨论，确定为 2.25 米，并将这一意见上报国防部五院一分院，获得批准。

增大导弹射程，需要提高发动机推力，必然要选择比冲比较高的推进剂。仿制的“1059”近程导弹的发动机 5D52、改型研制的中近程导弹东风二号发动机 5D60，所使用的推进剂为酒精、液氧和作为涡轮工质的过氧化氢。液体火箭发动机设计部按照中程导弹的需要，开展了中程导弹试验发动机的预研，单机开始定为 5D10，5D10 试验发动机研制中使用的推进剂为可贮存、能自燃的硝酸和混胺。后在 5D10 试验发动机的基础上，进行改进，单机代号定为 5D11，并提出使用偏二甲肼、硝酸 27S 为推进剂的设想。但这一选择和决策并非易事，当时，苏联的液体火箭发动机及其推进剂专家曾断言：使用偏二甲肼等于抱着老虎睡觉，是要被咬伤或咬死的。早在梁守槃任总体设计部主任时，对此棘手的难题就有所闻，后随着中程导弹预研工作的深入开展，偏二甲肼能否作为液体火箭发动机燃烧剂的问题，已经尖锐地摆在设计人员面前，这个艰难的研究任务交给了由梁守槃担任所长、新组建的发动机燃烧过程研究所。主要的研究内容包括：有无克服偏二甲肼毒性的特效药，是什么？偏二甲肼燃烧后形成的气体的毒性如何？偏二甲肼侵入人体后，毒性是长期积累还是能迅速排出？还有其他有关使用方面的问题等。在梁守槃的主持下，发动机燃烧过程研究所与液体火箭发动机设计部、军事医学科学研究院等单位大力协同、连续奋战，终于收获了可喜的研究成果：研制了抑制偏二甲肼毒性的特效药；通过动物试验证明，进入人体的毒素可在 24 小时内排出，不会在人体内积累。同时，还在新建成的小发动机试车台上进行了偏二甲肼燃烧后产生的燃气毒性的试验，得出了偏二甲肼可以作为液体火箭发动机的燃烧剂的结论。偏二甲肼是中国科学院大连应用化学研究所 1958 年研制成功的，由化学工业部吉林化学工业公司小批量生产。这种毒性能防护、比推力高、能贮存、便于作战使用、符合作战武器要求的燃烧剂的使用，对中国液体弹道导弹乃至运载火箭技术的发展，都具有重大意义。1962 年 9 月 25 日，国防部五院发函致化学工业部，建议扩大偏二甲肼的生产规模。1963 年 3 月 6 日，国防部五院科技委液体火箭发动机分组决定，中程导弹采用可贮存的偏二甲肼作为发动机的燃烧剂。尤其值得一提的是，原来的燃烧剂混胺是用粮食提炼的，每 20 千克粮食才能提炼 1 千克混胺。而偏二甲肼的提炼是不需要粮食的，所以，闯过偏二甲肼这个禁区，其意义更是非同寻常。梁守槃主持并参加的这个偏二甲肼作为燃烧剂的研究，在 1964 年国家科委举办的全国工业新产品展览会上被授予一等奖。

增大射程必然要设计更大推力的发动机，也需要多个单机发动机的并联，推进剂供给系统的设计就是一大技术难题。或设计一个大的离心式涡轮泵供给系统，供给并联的多个发动机所需要的推进剂；或每个单机发动机都由各自独立的推进剂供给系统来供应推进剂；或采用离心式涡轮泵并联的推进剂供给系统。苏联专家菲利波夫固执地说：“两个离心式涡轮泵不能并联工作，否则在出现不平衡的出口压力时，就可能使一个泵成为涡轮而导致迅速破坏。”这一说法就意味着导弹在采用多个发动机并联时，必须由各自独立的推进剂供给系统来供给各个发动机单机所需要的推进剂，或由一个大的离心式涡轮泵供给各单机所需要的推进剂。也意味着在试车台上不能用增加并联离心式涡轮泵数量的办法来增加推进剂供给量。这显然是不易实现的，也增加了设计困难。梁守槃不盲目地迷信苏联专家的意见，经过独立而认真的思考、分析和计算，认为两个或多个离心泵在供给推进剂时，只要使出口流质的流动速度方向大致平行（速度夹角小于 20°），两股或多股流体将相互引射而不是互相妨碍，而达到平衡。根据他的分析、计算，又进行了一系列试验，将两台离心泵的出口并联，先启动一台，等到它已进入工作状态后再启动另一台，记录它们的转速、进出口压力等工作状态随时间的变化。在各次试验中，还有意识地将两台并联离心泵的启动时间错开，使之有较大的差距。试验结果表明，两台离心泵总是可以协调地工作。证实了两台离心式涡轮泵可以并联工作。这一成果为液体火箭发动机多个单机并联乃至液体中程弹道导弹（一级发动机采用四机并联方案）等的研制，奠定了坚实的技术基础。

从 1957 年到 1960 年，梁守槃在“1059”（后称“东风一号”）近程导弹的仿制和中近程导弹、中程导弹初步方案的论证中，做了大量开创性的工作，为液体弹道导弹事业的创建发展，作出了重要贡献。

梁守槃

梁守槃院士传记

Academician Liang Shoupan's Biography

第六章

调过程所 建三分院

1960年4月，梁守槃离开一分院一部，奉调组建发动机燃烧过程研究所，专事液体发动机有关课题研究。1961年9月1日，国防部五院三分院成立，梁守槃被任命为三分院副院长，分管技术工作。

20世纪50年代后期，中国的政治环境与政治氛围已在各类史书中有所记载和表述。当时的政策是：有成分论，不唯成分论，重在表现。不同的行业、不同的单位都有相应的调入的政治标准。国防部五院属机密单位，一分院总体设计部接触的是整个导弹武器系统，属绝密单位。梁守槃出身于官宦家庭，父亲、母亲、弟弟、妹妹都侨居美国。有关部门明确提出："像梁守槃这样情况的人，不适宜在这种高度保密的国防部五院工作，更不适合在总体设计部工作。"据后来得知，拟将梁守槃调赴当时的北京航空学院做教授。这在当时已经算是很理性、很宽容的"安排"了。聂荣臻得知关于梁守槃家庭成员与社会关系的情况后，指出："要看这个同志的具体表现，像梁守槃这样的同志，是可以用的……"正是聂总的这一席话，使他继续留在了国防部五院，到发动机燃烧过程研究所任所长。翌年，升任三分院副院长，开始从事新的航天技术工作。

梁守槃对组织的调动安排，从来是二话不说，绝对服从。就这样，他于1960年4月离开所酷爱的总体设计部，来到发动机燃烧过程研究所。在所长任上，他带领科技人员，潜心致力，刻苦攻关，开展了多项与液体弹道导弹、液体火箭发动机有关的课题研究，这其中有的是他在总体设计部时就开始思考和研究的问题，如偏二甲肼是否可以作为液体火箭发动机燃烧剂的问题；两个离心式涡轮泵并联的问题；使用液氧、煤油为推进剂的液体火箭发动机的探索研究；等等。虽只有一年多的时间，课题都取得了进展，有些还取得了可喜的成果，为液体火箭发动机技术、液体弹道导弹技术的发展提供了基础性的技术支持。

1961年9月，国防部五院三分院成立，开始设立时的工作任务是从事导弹试验技术研究与非标设备研究设计制造，梁守槃被任命为三分院副院长。1965年，中国进行了国防科研生产体制的调整，国防部五院改组为中华人民共和国第七机械工业部（简称七机部），七机部三院成为飞航式海防导弹研究设计院。梁守槃也从三分院副院长变更为三院副院长，其工作任务也从试验技术研究等转为飞航式海防导弹的研制。

1. 聂总识才 留在五院

国防部第五研究院成立时，从全国有关地区、工业部门、科研机构和高等院校调来的年长的科技领导及科技人员，都是从旧社会留下来的，或从国外留学回国的，其家庭出身、家庭成员、社会关系和个人的工作经历等，同旧社会有着千丝万缕的联系，情况也比较复杂。因此，能否让这些高级知识分子参加国防科技工业中保密级别较高的工作，是一个十分严肃、需要审慎考虑的问题。在20世纪五六十年代，在如何对待知识分子的家庭出身、家庭成员、社会关系、海外关系等问题上，存在着很大的认识差距。有人认为，这方面有问题的人不能从事保密级别较高的工作；聂荣臻实事求是地认为：“在旧社会和解放初期，能够大学毕业或出国留学的人，出身好的比较少，一般来说，不是资本家就是地主家庭出身，否则，他就没有经济条件读大学，更不要说出国留学。”聂荣臻还特别强调，对旧社会过来的高级科技人才，主要应看他们的工作表现，不然就会将能够从事国防科研工作的人才拒之门外，影响国防科技工作的开展。聂荣臻苦口婆心地反复向有关部门和人员做说服工作，使一批家庭出身不好、家庭成员与社会关系复杂，但本人表现好的科技人员进入到了国防尖端科研部门，为他们提供了报效祖国国防事业的机遇。

在国防部五院的科学家中，蔡金涛（中国科学院院士、国际宇航科学院院士、无线电电子技术与导弹控制技术科学家，曾任国防部五院二分院副院长、七机部二院科技委主任、七机部技术顾问等职）、梁守槃是家庭出身、个人政治历史、家庭成员与社会关系最为复杂的两位。蔡金涛曾就职于国民党资源委员会，任中央无线电器材厂总工程师兼研究所所长，曾任国民党区党部执行委员，在工作上与当时的国防部二厅技术室联系较多，属被国民党特务利用的科技人员。这样的人敢用吗？当汇报到聂荣臻那里，他果断地说：“只要有真本事，只要愿意为国家作贡献，就要用。”

有人认为，像梁守槃这样情况的人，不适宜在保密级别较高的单位工作。聂荣臻却毫不犹豫地讲：“要看这个同志的具体表现，像梁守槃这样的同志，是可以用的。”

聂总之所以这样明确地表态，也是经过认真思索和考量的。在抗战时期，蔡金涛、梁守槃既没有继续留在美国攻读博士学位或工作，也没有到沦陷区为日本人、为日伪政权服务，而是去了抗战的后方，为抗战服务，说明他们是热爱祖国、热爱人民，愿意为抗战出力的；1949年，他们既可以去美国，也可以去台湾，但他们都选择了留在大陆，迎接解放，说明他们是憎恨蒋介石的反动统治，愿意跟共产党走的。解放后十多年的实际考验，证明他们是拥护共产党、拥护社会主义的，也证明他们是愿意为祖国、为人民、为社会主义服务的。另则，聂总也是醉翁之意不在酒，对蔡金涛、梁守槃这两位典型知识分子表明了态度，就提供一个相对标准，其他从旧社会过来的高级知识分子的类似问题就迎刃而解了。这足见聂荣臻的良苦用心。

1960年10月9日，苏联专家撤走后不久，聂荣臻在中南海怀仁堂亲切接见国防部五院技术六级以上的高级知识分子，并做了重要讲话。他勉励大家要自力更生，奋发图强，突破仿制到独立设计这一关，建立我们自己的导弹技术体系。他还要求大家：加强学习，加速进步；勇于负责，技术民主；提高自己，培养后辈；又红又专，终身努力。1962年7月17日，聂荣臻在人民大会堂向国防部五院6800多名技术人员和各级干部作重要报告。国防部六院、七院、十院以及二机部、三机部等单位的技术干部也出席了会议。聂总讲话的主要内容是：红与专的问题；在学术上贯彻“百花齐放，百家争鸣”方针的问题；技术民主、技术责任制问题；坚持党的领导以及改善工作作风的问题等。其中，聂总说：“对于这些科技专家的考核，我们要有‘成分论’，但不能‘唯成分论’，主要应当看他们的工作表现，不要以家庭出身成分一刀切。”他还举例说：“梁守槃的父亲、母亲、弟弟、妹妹等都在美国，他能不能在这种高度保密的单位工作？这要看他的具体表现，像梁守槃这样的同志，是可以用的。”梁守槃在现场聆听了聂总的报告，亲耳听到的这段话好似一股暖流涌进了他的心底，信任感、责任感油然而生，他暗下决心：要为中国的导弹事业鞠躬尽瘁、死而后已。

正是由于聂总的信任、关怀和大胆使用，梁守槃能够在中国导弹与航天科技工业的战线上奋斗一生，并为之作出重要贡献，成为受人仰慕的中国航天科技工业领域的“四大老总”之一。

梁守槃视聂荣臻为良师、伯乐、知己，并坚定地认为，“如果没有聂荣臻的领导和教谕，中国的导弹事业不知道要推迟到哪一年才能发展。”聂荣臻关心、爱护、信任知识分子是全方位、多层次的，确确实实是“知识分子的知心朋友”。2009年，梁守槃已93岁高龄，在纪念聂荣臻诞辰110周年之际，撰写了《回忆聂荣臻对导弹事业的领导与关怀》的文稿，赞颂聂帅在领导我国“两弹一星”事业中所建立的丰功伟绩。除全面、正确地理解、贯彻党的“有成分论，不唯成分论，重在表现”政策外，就是充分信任、放手使用知识分子，聂荣臻要求国防部五院建立技术指挥线，国防部五院钱学森同志为国防部五院的技术指挥员，负责整个技术工作的协调，所属的各分院、设计部、所、厂都应设置技术指挥员，当时都开列了名单，各级党委要支持技术指挥员的工作，使技术指挥员有职、有权、有责。同时，又要求各级技术指挥员要“勇于负责，技术民主”，在工作中要广泛听取有关科技人员的意见，不搞一言堂；在拍板定案时要说明技术和经济上的理由，并允许有人再提出反对的意见，予以复议，但不准阳奉阴违，各行其是。梁守槃被指定为国防部五院三分院的技术指挥员。

在关怀、爱护知识分子方面，首要的是政治上的关怀、爱护。20世纪五六十年代的政治运动相当频繁，例如，1957年的“反右运动”，1958年的批判“白专”道路，1959年的“反右倾机会主义斗争”，等等。当时的环境不可能对科技人员没有影响，但在聂荣臻领导与关怀下的国防部五院，运动的声势比其他知识分子比较集中的单位要小得多，聂总绞尽脑汁，千方百计地保护知识分子，避免和减少对他们的伤害，使知识分子有更多的时间和更好的条件搞好科研工作，尽快研制出中国自己的导弹。广大科技人员在聂总的教育与感召下，意气风发、斗志昂扬，每天夜晚，各办公室和试验室都是灯火通明、亮如白昼，大家加班加点地工作或学习，直至领导干部再三催促，才肯暂停工作，回宿舍休息。

聂荣臻对知识分子生活上、身体上的关怀、爱护，更是无微不至、体贴入微。他在国防部五院干部大会上说："我自己就是个勤务员，我有志于当个科学工作的勤务员，为研究工作努力创造条件，保证科学工作者必要的工作、学习和生活条件。"国防部五院党委也明确提出："为科研工作服务，为科技工作者服务。"在1959年至1961年的三年国民经济困难时期，也正是中国导弹仿制和改型研制的关键时期，广大科技人员以忘我的热情进行科技攻关。但由于物资匮乏、生活清苦，科技人员的体质普遍下降，70%的人员因营养不良出现浮肿，严重影响导弹仿制、研制工作的进展。聂荣臻得知这些情况后，立即向海军及北京、广州、济南、沈阳等大军区求援，请他们在力所能及的范围内，给国防部五院支援一些肉、鱼、蛋、黄豆、花生等副食品，并明确规定，只分配给科技人员。同时，还专门指派人员检查规定的落实情况。党政干部自觉性很高，都以身作则，严格按规定办事。这件事对梁守槃，乃至整个航天战线上的知识分子，不只是在当时，而且在以后直至今日，都产生了深远影响。

梁守槃幸得聂荣臻副总理的关照，才有其在中国航天奋斗一生的生涯，这无疑是中国航天的一大幸事。他在晚年感慨地说："如果没有聂老总的关心、信任，我可能早就离开导弹这一行，干其他工作了，当然也就谈不上为中国航天作贡献了。"

2. 在过程所 专事研究

在国防部五院创建初期，来华的苏联专家曾透露，苏联非常重视发动机燃烧过程的研究，要研究燃烧中的热力学问题。从苏联留学回国的毕业生，也谈到苏联开展发动机有关热力学问题研究的情况。时任国防部五院院长的钱学森认为，发动机的热力学问题很重要，应组织力量进行研究。于是，1960年4月，国防部五院决定成立发动机燃烧过程研究所（简称"过程所"）。经过筹备，过程所正式成立，1960 年 5 月 10 日，国务院总理周恩来任命梁守槃为过程所所长。这个研究所是以一分院固体火箭发动机研究室为基础扩建的，工作的对象包括液体火箭发动机、固体火箭发动机和冲压发动机。当时，冲压发动机研究属于空气动力研究所，没有划归发动机燃烧过程研究所。同年 11 月 21 日，王秉璋、王诤奉聂荣臻指示，赴西安现场研究固体火箭发动机研究所的组建问题，嗣后，拟定了建所方案，即将位于西安的三机部五局第三研究所的一半人员划归国防部五院领导，与原在北京的固体火箭发动机研究室人员组成固体火箭发动机研究设计所，并将三机部五局 845 厂作为试制协作厂。后经聂荣臻批准，在过程所政治委员路九牧、副所长李乃暨的带领下，从事固体火箭发动机研究设计的人员，都调赴西安，后在四川泸州组建了固体火箭发动机研究设计所。所以，留给过程所的，只是有关液体火箭发动机的一些工作。

在梁守槃的主持下，过程所的研究课题，主要是他在一分院总体设计部时就已开展的，配合“1059”导弹仿制和东风一号中程导弹（1964 年 3 月后改称“东风三号”）方案论证工作的一些课题研究，如：耐高压、耐腐蚀的容器研究，肼类燃料的毒性及防护方法研究，两台离心式涡轮泵并联工作的研究等。过程所除对这些研究项目进行深化研究并在型号应用中做好配合工作外，还从预先研究的角度，开展了液氧煤油发动机项目的预研，建设了小试车台。

液氧煤油火箭发动机的研究项目是钱学森最先提出的，其核心思想是：既然肼类燃料有毒，大量使用势必造成空气严重污染。作为武器，平时发射次数有限，污染不严重；武器要求加注后长期存放，随时待命发射，肼类燃料是合适的。但用于发射人造卫星的运载火箭，没有加注后长期存放的要求，而且以后发射的次数可能会很多，采用低沸点推进剂，虽不能加注后长期存放，但不会造成大气污染；用煤油替代酒精作为燃料，不仅可以提高发动机比冲，而且价格低廉，又不必消耗大量的粮食，因此，有其应用前景。至于液氧煤油发动机燃烧室的冷却剂是用液氧还是用煤油，则是有待研究的课题。

梁守槃非常赞同钱学森的思想，积极组织力量开展液氧煤油发动机有关问题的研究。他们首先提出的问题是：煤油在高压高温下是否可能迅速聚合或胶化。他们进行了理论上的分析、研究和计算，也进行了部分实验室里的实验，但因当时试车台正忙于“1059”导弹的5D52发动机和东风二号导弹5D60发动机的试车，未能安排液氧煤油发动机的试车。其次是对液氧作为液氧煤油发动机燃烧室冷却剂的问题进行了研究。过程所发扬技术民主，集思广益，进行广泛而深入的讨论。有人提出，用低沸点工质作为冷却剂，在受热后很快汽化并有可能发生爆炸。后经分析研究得知，氧的临界压力在50个大气压左右，只要液氧在进入和离开冷却夹层时的压力大于氧的临界压力，液氧就不会由液相转化成气相，也就没有发生爆炸的危险。后来，随着美国土星计划的实施与进展，这个疑点也被解除了。但当时中国航天的首要任务是解决导弹的有无问题，是以型号为纲的。这种没有具体型号背景的基础预研项目，虽有钱学森的支持，开展起来也是困难重重，无法列入计划。

在国防部五院三分院成立后，液氧煤油发动机项目的预研工作仍在继续。

成立七机部后，这一任务转交给七机部一院，进展不大。直到20世纪90年代，从俄罗斯引进了推力为120吨级的液氧煤油发动机，中国的液氧煤油发动机的研制工作才得以轰轰烈烈的展开，推力为百吨级的液氧煤油发动机已研制成功，以推力为50吨级的氢氧发动机和大推力液氧煤油发动机为动力装置的大运载火箭已发射成功，使中国的运载火箭技术实现了新的跨越。

梁守槃力主并积极进行发动机小试车台的建设，他在过程所所长任上，一方面抓研究所的组织机构和队伍建设，抓所里规章制度和管理办法的规范化、制度化，另一方面抓研究、设计和试验的设施设备与手段建设，他认为，发动机燃烧过程的研究属于应用科学研究的范畴，必须理论结合实际，建设必要的试验设施、设备。他反复向一分院领导阐述过程所建设发动机小试车台是一举两得的事，一则可供“543”地空导弹主发动机试车用，二则可为燃烧过程研究工作提供试验手段。在他的坚持、争取和积极组织下，小试车台按计划建成、验收。1960年11月13日，国产“543”地空导弹液体主发动机进行了工艺试车，工作60秒，一切正常，结果良好。1962年1月6日，又在这个试车台进行了第一次热试车，情况良好。这个小试车台还为过程所的一些课题研究提供了试验手段，奠定了基础。

3. 基础基地 研究试验

1958 年，苏联在对中国导弹工业的建议书中言明，国防部五院建制中包括技术基础基地，与各专业分院相并列。特别是随着导弹型号仿制工作逐步向改型研制和独立研制转变，建立技术基础基地变得实为必要。经酝酿、研究，1961 年 7 月 28 日，国防部五院向国防科委提出了《关于三分院组织体制和主要领导干部配备的报告》：分院下辖空气动力研究所、发动机燃烧过程研究所、液体火箭发动机试验站、冲压发动机设计部、非标准设备设计部等单位；郁文任政治委员，张乃川任副院长。嗣后，聂荣臻批准了这个报告。8 月 4 日，周恩来总理任命郁文为国防部五院三分院政治委员。1961 年 9 月 1 日，国防部五院三分院成立，承担空气动力研究试验、液体发动机和冲压发动机研究试验及全弹试车等任务。原隶属于一分院的液体火箭发动机试验站和发动机燃烧过程研究所划归三分院建制。9 月 15 日，国务院总理周恩来任命任新民、屠守锷为国防部五院一分院副院长；蔡金涛、吴朔平为二分院副院长；张乃川、梁守槃为三分院副院长，庄逢甘为三分院副院长兼空气动力研究所所长，严文祥为三分院副政治委员，李济宗为三分院政治部主任。11 月 25 日，国务院总理周恩来任命林毅

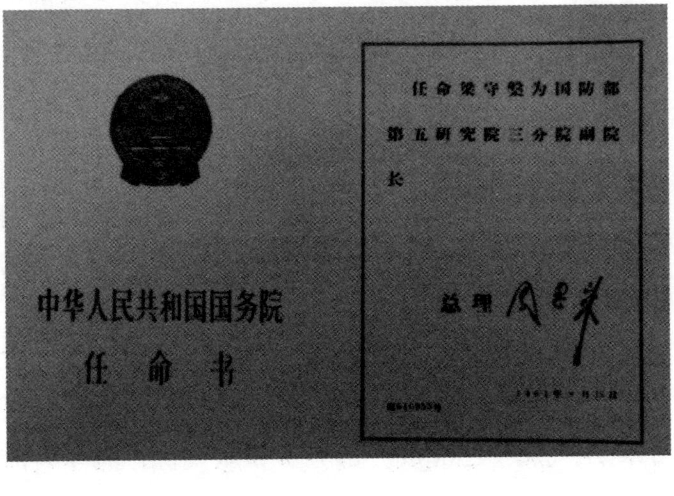

周总理任命梁守槃为国防部五院三分院副院长

为三分院副院长（后升为院长）。至此，作为军级单位的国防部五院三分院组建工作基本完成。

1961 年 7 月，梁守槃光荣地加入了中国共产党，成为了无产阶级先锋队中的一员。作为分管技术工作的副院长、技术指挥员，作为一名共产党员，梁守槃深知自己的使命和责任，尽职尽责无疑是己之本分。首先是三分院的组织机构设立与职责的确定、科研生产试验队伍的建设、规章制度与管理办法的制订与完善。他竭尽全力，协助院长、政委做好这些建院的基础性工作。

在三分院的建制中，负责技术工作的单位主要有：空气动力研究所、发动机燃烧过程研究所、液体火箭发动机试验站、冲压发动机设计部、非标准设备设计部和非标准设备制造厂等。其中冲压发动机设计部是由空气动力研究所的三室和四室分出后组建的（1962 年 10 月 27 日成立）；非标准设备设计部原拟抽调有关人员组成，后来考虑到业务不多，只成立了一个非标准设备设计室；非标准设备制造厂原属空气动力研究所，后分出扩建为 512 厂。

在三分院所辖属的设计部、所、厂的组织架构确立后，梁守槃首先是协助院长和分管基建的副院长抓各单位的基本建设工作。当时各单位的基建工作都未全面完成，其中重大项目有空气动力研究所的高压气瓶（已完成一部分）和压气机；液体火箭发动机试验站的全弹试车台和大推力发动机试车台；冲压发动机设计部的自由射流试车台等。在分院党委、院领导的领导与组织下，分院机关积极组织、协调，梁守槃带领有关科技人员努力做好技术支持工作，这些基建项目于1963年年底全部完成，至此，这个试验技术研究分院初具规模。

值得一提的是，梁守槃由于主持过液体近程弹道导弹“1059”的仿制和中近程导弹东风二号的方案论证工作，从试验技术的角度，极力主张进行东风二号5D60发动机的全程试车，以及东风二号的全系统试车。1962年3月21日，改型研制的首发东风二号导弹飞行试验失败，东风二号设计师系统认真进行故障分析、总结经验教训、制定改进措施。1962年7月19日，国防部五院党委讨论地地型号总设计师《关于东风二号试验批次初步设想的报告》，同意按报告设想安排工作，并要求大力抢建大型试验设施，包括全弹试车台、全弹振动试验塔等。全弹试车台（4号台）的土建工程基本完成后，梁守槃协助三分院院长林毅组织全院有关人员，抓紧进行全弹试车台的测试线路安装工作，他有效地做好技术支持工作，并严把质量关，为全弹试车台按时保质完成作出了贡献。1963年7月12日，全弹试车台建成，交付使用。8月16日，用“1059”考验弹进行了三次冷试，各系统工作正常。9月13日、27日又分别进行了一次短程、一次全程的热试车，各系统工作正常。试车台验收合格。

尔后，修改后的东风二号导弹在全弹试车台上进行了一系列试车：1963年11月27日，东风二号全弹冷试车成功，各系统工作正常，12月26日，东风二号全弹短程热试车成功，推力为406千牛，工作时间25秒；1964年1月9日，东风二号全弹中程热试车成功，2月6日，东风二号全弹全程热试车顺利通过，各系统工作正常，按预定程序关机，推力达到404千牛，3月31日，东风二号第108次全弹全程大推力热试车成功，推力422千牛，工作时间118.4秒，4月17日，又进行了东风二号补充性全弹全程大推力热试车，获得成功。至此，东风二号全弹全程大推力检验性试车全部结束。与此同时，还进行了东风二号液体火箭发动机的试车。1964 年 3 月 25 日，YF-60A 发动机（即 5D60 发动机推力提高到 436 千牛）首次长程热试车成功，推力达到 451 千牛，工作时间 135 秒，4 月 10 日，5D60 发动机验收试车合格，开始交付装弹。梁守槃以其对“东风二号”研制工作的感情和负责试车实施的责任，在这一系列试车中，都亲临现场，同有关的设计人员、试验人员一起研究和解决试车中的各种技术问题。这一系列试车的成功，为“东风二号”在 1964 年 6 月 29 日飞行试验的首次成功，奠定了坚实的基础。这一改型设计导弹的研制成功，使中国的导弹技术迈上了新的台阶。

当时，国防部五院三分院另一项重要的工作，是冲压发动机的研究工作。20 世纪 50 年代末，来华的苏联专家科索夫曾建议，中国应开展冲压发动机的研究。著名科学家钱学森说：“冲压发动机是个好发动机，但也是个复杂的、技术难度大的高级发动机。”梁守槃这位对航空发动机的理论与实践颇有积累、又长于探索和创新的科学家，对这个又好又复杂的高级发动机颇感兴趣，他认为冲压发动机在中国还是空白，应该探索和发展，这是发展低空超声速飞行的主要动力。在钱学森的支持下，冲压发动机的研究工作得以开展。1958 年 1 月 9 日，国防部五院制定了第二个五年计划期间（1958 ~ 1962 年）的研制工作规划，其中提出了研究设计冲压式喷气发动机的工作。承担冲压发动机研究工作的空气动力研究所开始进行有关的研究工作，并开始进行试验设施的建设，如为满足冲压发动机试车的需要，增加了大量的高压气瓶。1960 年，国防部五院二分院和空气动力研究所签订协议，共同研制以液体冲压发动机为主要动力的防空导弹，称为“老红旗一号”。1961 年，正值中国国民经济三年困难时期，国家实行了“调整、巩固、充实、提高”的方针，国防部五院对研制的型号也进行了调整。二分院通知空气动力研究所，取消原订协议，“老红旗一号”停止研制。此时正值国防部五院三分院成立之时，“老红旗一号”下马，波及冲压发动机的研制。

在关系到冲压发动机的命运和前景之时，又恰逢美国等先进国家冲压发动机收缩下马风潮，中国应停止冲压发动机研究的意见颇占上风。主张下马者的理由很简单，连科学技术比较发达的美国都搞不出来，都在收缩下马，中国硬着头皮搞，岂不是浪费人力、财力、物力嘛！一向不迷信外国人的梁守槃在默默地思索：“我们的老祖先搞出四大发明（火药、指南针、造纸、活字印刷）时，外国人还没有，可我们中国人搞出来了。难道外国人没搞出来的东西，中国人就一定搞不出来吗？”他同他的同事对发动机技术的发展趋势进行了研究，冲压发动机虽然技术复杂、难度大，但其应用前景很广阔。他们认为，美欧的冲压发动机之所以发展比较慢，是因为美国的黄铜骑士、波马克、小猎犬等防空导弹已定型装备军队，对冲压发动机的需求不那么急迫。而对苏联冲压发动机技术的发展情况，鉴于苏联严格保密，外界所知甚少。梁守槃对主张冲压发动机下马者进行了反驳，他幽默而尖锐地说：“穆罕默德并没有说过要制造汽车，但伊斯兰教教徒不是照样造汽车、坐汽车吗？”他坚定地认为：冲压发动机的研究工作不能停，更不能下马，没有型号对象，应作为预先研究项目予以安排。他还指出：“首先要抓紧完成已开始进行的基建工作，然后按照原来与二分院商定的技术指标，进行直连式风洞的试车，逐步发展。”他的这些意见与建议得到了三分院党委的批准，并得到了钱学森的鼎力支持，这使冲压发动机这一项目得以继续进行。

接着，梁守槃带领有关人员同吴仲华教授领导的中国科学院动力研究室（后扩大为工程热物理研究所）进行协商，国防部五院三分院负责 $Ma \leqslant 2$ 的冲压发动机的研制试验，而 $Ma>6$ 的冲压发动机的理论研究由中国科学院动力研究室负责。

吴仲华，1917年7月27日生于江苏省苏州市，中国工程热物理学家和航空发动机专家。1940年，他毕业于西南联大机械工程系，后留校任教；1944年，考取清华庚款留美；1947年，在麻省理工学院获机械工程博士学位。曾任美国航空咨询委员会刘易斯喷气推进中心研究科学家和布鲁克林理工大学机械工程系教授。1954年，吴仲华回国，历任清华大学动力工程系教授、系副主任，中国科学院动力研究室主任、力学研究所副所长、工程热物理研究所所长。20世纪50年代，吴仲华创立了叶轮机械三元流动理论，提出了物理概念清晰、计算简便直接的燃气热力性质的计算方法，编制了热力性质表。1957年，他当选为中国科学院学部委员（后改称院士）；1981年5月，当选为中国科学院主席团执行主席。

在冲压发动机的初期研制中，梁守槃和冲压发动机研制团队非常珍惜来之不易的研制任务，拼搏奋斗，刻苦攻关，解决了多项技术难题，如：采用烟火点火器和火焰稳定器解决了冲压发动机点火和稳定燃烧问题；采用多孔火焰管，使管内燃气压力与管外冷却层的空气压力保持平衡，解决了燃烧室内火焰管工作中的失稳破坏问题；解决了在不同飞行高度和飞行马赫数下的供油调节问题等。因为没有具体的导弹型号（二分院的“老红旗一号”已下马），难以实施，决定以低空、$Ma=2$ 的状态为基础，进行研究试验，并取得了初步研究成果。

1963 年，国家的经济情况开始好转，各单位都在考虑和规划各自未来的发展。在国防部五院 1963 年 4 月 2 日召开的科技委年会上，由钱学森主持，讨论了地地、地空、海防导弹的技术途径和发展步骤。有些人对冲压发动机用于地空导弹提出了疑虑：地空导弹飞行中弹道变化复杂，供油系统难以调节，而且由于喷油和气流的相对方向不稳定，容易熄火。这些都是难以解决的问题。最后钱学森提出：既然如此，可考虑先将冲压发动机用于反舰导弹上，因为反舰导弹的工作环境相对较单纯，速度变化不大。这个建议得到了与会人员的一致同意。会议决定：由三分院负责召集一分院四部（海防导弹总体设计部）及其他有关单位开会，做进一步的论证。梁守槃按照会议的决定，主持召开了论证会，经过讨论，初步确定了一些技术参数，为冲压发动机后续的研制工作提供了依据。

正是由于梁守槃始终不渝的坚持和据理力争，冲压发动机的研制工作才得以艰难前行。在取得一些科技成果的同时，由于梁守槃执着地坚持和积极地开拓、进取，冲压发动机的科研生产队伍建设和试验设施设备建设等，也都取得了一定的发展。1995 年当选为中国工程院院士、冲压发动机技术带头人之一的刘兴洲，就是这支冲压发动机科研生产队伍中的杰出代表。刘兴洲 1956 年毕业于北京航空学院，被选派到北京外国语学院留苏预备部学习，准备到苏联留学。

但因其所读研究生的专业，苏方不予接纳，未能成行。1957 年他被分配到国防部五院工作，见到了梁守槃，梁守槃讲：中国要有低空超声速导弹，就必须发展冲压发动机技术；冲压发动机目前在中国还是空白，需要年轻的科技人员去开创、去填补；开展冲压发动机技术工作，首先应当进行试验设施设备的建设。自此，刘兴洲开始了从事冲压发动机研制工作的科技生涯，早期曾参加老红旗一号地空导弹冲压发动机方案的论证工作。1959 年至 1961 年，他投身中国第一座空气喷气发动机试验室建设工作，参加了冲压发动机试车台的设计工作；还负责了涡轮泵试验室有关设备的设计和试验室建设工作。刘兴洲边干边学，钻研了有关的专业书籍，不断积累冲压发动机相关的理论知识与实践经验。1961 年，经梁守槃荐举和组织的选派，刘兴洲被派赴苏联莫斯科茹科夫斯基空军工程学院发动机教研室攻读研究生，师从苏联功勋科学家米里古莫夫，开始超燃冲压发动机的技术研究，完成了《在超声速气流中的燃油传播》的副博士论文，荣获副博士学位。1965 年毕业回国后，他几十年如一日，从事冲压发动机技术工作，作为技术带头人，在 CF-06 冲压发动机和以 CF-06 冲压发动机为动力装置的鹰击一号超声速导弹研制中，卓有建树，是中国发展冲压发动机技术及其导弹技术的一位功臣。

与此同时，冲压发动机的试验设施设备也得到了长足的发展，梁守槃带领有关的科技人员和工人，自力更生，发愤图强，依靠自己的力量建成了中国第一座现代化的空气喷气发动机试验室，仅空气喷气发动机高空试车台就修建了三座，并在后来不断地进行了设备改造和技术更新。1979 年，美国著名冲压发动机公司的高级专家前来访问时，高度评价中国在冲压发动机研究中已具有的规模、水平和所取得的成就。在中国冲压发动机技术及以冲压发动机为动力装置的超声速导弹技术的开拓与发展中，刘兴洲是功臣；梁守槃是先驱者，称得上中国冲压发动机技术泰斗级的元老；钱学森高瞻远瞩、审时度势，掌握和指明重大科技工作的发展方向与技术途径。他们在中国冲压发动机发展史上和中国航天史上都留下了绚丽而厚重的足迹。

梁守槃

梁守槃院士传记

Academician Liang Shoupan's Biography

第七章

组建三院　研制“海二”

1965 年，国防部五院三分院改组为七机部三院，承担飞航式海防导弹的研制任务。他作为技术指挥员，在“544”舰舰导弹的仿制、海鹰二号导弹的改型研制及挂机的鹰击六号等导弹的研制中，发挥了至关重要的作用。

1964年11月23日，中共中央、国务院发出成立第七机械工业部（简称七机部）的通知：以国防部五院为基础，从第三、四、五机部及其他有关部门和省、市，抽调若干工厂和事业单位组成七机部，统一管理中国导弹工业的科研、设计、试制、生产和基本建设工作。王秉璋任部长。12月26日，第三届全国人民代表大会第一次会议通过了成立第七机械工业部的决议。

1965年1月4日，中华人民共和国主席刘少奇任命王秉璋为七机部部长；同日，七机部决定：将国防部五院一、二、三、四分院相应调整为一、二、三、四院。自此，七机部三院正式成立，梁守槃任七机部三院副院长。此后，三院的隶属几经变化，1970年5月15日，国务院、中央军委批准，七机部将三院交给海军造船工业领导小组；1975年7月2日，国务院、中央军委决定成立导弹工业总局，对外称第八机械工业总局，三院划归该总局建制；1979年6月16日，国务院、中央军委批准第八机械工业总局改建为第八机械工业部（简称八机部），对中国战术导弹工业实行全面领导管理，三院隶属于八机部；1981年9月7日，第四届全国人民代表大会常务委员会第20次会议决定：为了贯彻调整、改革、整顿、提高的方针，加强地空、海防等战术导弹和战略导弹研制、生产的统一领导和管理，将八机部和七机部合并，两部合并后，保留七机部名称，三院又回归七机部。尔后，七机部的组织体制多次变革，即航天部、航空航天部、中国航天工业总公司（国家航天局）、中国航天科技集团公司和中国航天科工集团公司，三院也随之发生变动。

尽管三院的隶属关系几经变化，但三院的规划、任务方向是相对稳定和连续的，规模和实力也在不断地发展壮大与增强，一个个导弹型号定型，并装备海军部队。中国的飞航式导弹事业取得了令世人瞩目的辉煌成就，现已形成一个多系列、多型号的近、中、远程兼备的多种型号的飞航式导弹系列。

自1965年成立七机部三院，并承担飞航式海防导弹研制任务起，直到1982年4月9日，中央决定将七机部改为航天部，梁守槃被任命为航天部科学技术委员会副主任。此间，他一直担任三院副院长，担负着技术指挥员的责任。此外，1970年5月19日，国务院、中央军委决定增补造船工业领导小组成员，其中包括梁守槃。1980年7月21日，中央军委批准成立海军军工产品定型委员会，梁守槃为委员之一。

很值得庆幸的是，梁守槃在“文革”动乱的年代里，没有受到严厉的冲击，既没有被关“牛棚”进行隔离审查，更没有遭到被揪斗、隔离和皮肉之苦。更难得的是他始终没有间断科研生产和型号研制工作，这才使他在飞航式海防导弹研究设计院的组建以及三个系列的飞航式海防导弹（以液体火箭发动机为主要动力的系列、以固体火箭发动机为主要动力的系列、超声速系列）的研制中，贡献自己的聪明才智、心血与汗水，并为之作出了卓著的贡献。这主要归功于周恩来总理、聂荣臻副总理等老一辈无产阶级革命家对知识分子，特别是对老一辈科技专家，一贯地给予关怀和爱护。“文革”中，周总理获悉有几位很有造诣的科学家竟然被迫害或殴打致死，周总理痛心疾首、心急如焚，经过斡旋，由七机部军管会提出了需要保护的科技专家的名单并经国务院和周总理批准，予以切实的保护。这才使梁守槃等一批科技专家免遭劫难。这也为中国航天取得伟大成就提供了一个前提和保证。对此，梁守槃终生铭记。

迄今，中国的飞航式海防导弹事业已取得了举世瞩目的辉煌成就，形成了一个多系列、多型号，近、中、远程兼有的飞航式海防导弹“家族”，走出了一条从仿制、改型研制，到独立研制、适合中国国情的独立自主、自力更生的发展道路。在技术上，从亚声速发展到超声速，从液体发动机发展到固体发动机和冲压发动机，从单一制导发展到综合制导。此外，飞航式导弹在小型化、高精度、超低空、抗干扰等方面都获得了长足的发展，主要战术技术性能指标都已接近或达到世界先进水平。在1984年国庆35周年北京天安门广场阅兵，1999年国庆50周年北京天安门广场阅兵，2009年国庆60周年北京天安门广场阅兵，2015年9月3日北京天安门广场纪念中国人民抗日战争暨世界反法西斯战争胜利70周年大阅兵，20世纪90年代中期举行的东海海域军事训练和东南沿海军事演习，以及2017年7月30日庆祝中国人民解放军建军90周年朱日和阅兵场上，中国的飞航式海防导弹都有上佳的表现，展示了威武的雄姿风采，强了国威军威。

1. 开拓进取 建型号院

1964 年年底，国防部五院院长、党委书记王秉璋主持召开五院党委会全会，宣布中央决定将国防部五院改组为第七机械工业部，负责领导、管理中国各类导弹事业。并且，将国防部五院的分院改为研究院，一院负责地地弹道式导弹、二院负责防空导弹、三院负责海防导弹，并请各分院提出意见。三分院郁文政委、林毅院长和梁守槃副院长参加了会议。王秉璋要求各分院回去后分头传达，进行思想动员。

郁文、林毅和梁守槃回到三分院后，就接到电话通知，要求三分院暂缓传达。后得知，这是因为国防工办有不同意见，国防工办认为：在苏联，海防导弹属航空工业系统，而且仿制苏联 П -15 舰舰导弹（国内代号为“544”导弹，后命名为“上游一号”）的工作，也是在三机部 320 厂（南昌）进行，国防部五院一分院只派了少数人参加。320 厂仿制的上游一号导弹已打靶成功，初步具备了生产海防导弹的条件。所以这一任务应交给三机部而不应交给七机部。王秉璋答复得简单而明确：七机部的任务范围是国务院定的；国防工办如有不同意见，应报请国务院明确；如果国务院决定将海防导弹任务交三机部，七机部一定服从，将所有的引进资料和参加此项仿制工作的人员，全部移交给三机部；三分院的工作任务，由七机部另行安排。

一个月之后，国防工办最后做出决定：七机部工作任务的范围，既有国务院文件，不必再改，只是空对空导弹，与飞机设计密切相关，应交由三机部负责。海防导弹由七机部负责，但在三院改建工作未完成之前，仿制苏联 П -15 舰舰导弹的工作，继续按已有的方式进行。

于是，国防部五院下令，全面启动三院改建为型号院的工作。然而，从试验技术的专业研究院改组为海防导弹的研究、设计、试制、生产的研究设计院，并非易事，无论是工作量还是工作难度都是很大的。所幸的是梁守槃有主持弹道导弹总体设计部组建的实践，又有曾担任仿制“1059”导弹总设计师的经历，对导弹各分系统和专业机构的设置多有了解。但他并不满足于此，而是潜心研究飞航式海防导弹的技术特点，倾其全力当好院党委、院长和政委的参谋，从院机关职能部门的设置与职责的确定，到院辖属的设计部、所、厂的设置与任务分工的确定，直至有关的管理规章制度、管理办法的制订，以及协作关系的建立等，他都从技术的角度发表了一系列明确而有见地的意见与建议，对飞航式海防导弹研究设计院的组建发挥了至关重要的作用。

首先是飞航式海防导弹总体设计部的组建。早在 1960 年 4 月 25 日，国防部五院一分院就成立了海防导弹总体设计部（代号为一分院四部）。四部作为总设计师单位派员参加了 Π -15 舰舰导弹的仿制，该型导弹由 320 厂承担仿制任务。1965 年 1 月，国防部五院决定：将一分院海防导弹总体设计部整建制划归三院并进行充实和加强，组成三院三部；将三分院的冲压发动机设计部改组为海防导弹发动机研究所，即三院 31 所；将五机部北安 558 厂划归七机部建制并迁至北京，改组为海防导弹自动驾驶仪厂（558 厂），后改组为海防导弹自动控制系统及惯性器件研究所（33 所）；将二分院从事末制导雷达研制的有关研究室划归三院，组建 244 厂，后与

239 厂合并组建弹上末制导雷达厂，尔后，239 厂改建为空舰（地）导弹总装厂，弹上末制导雷达相应单位组建了 35 所。

在型号研究设计院组建中，工作量大、难度高的当属飞航导弹总装厂（159 厂）的组建，159 厂的前身是为空气动力研究所服务的一个非标准设备制造厂（512 厂），基础薄弱，要将其改建为飞航导弹总装厂，无疑困难重重。1965 年 6 月，从一分院第三设计部选调了设计部副主任骆维驹任 159 厂副厂长兼总工程师，8 月，被任命为厂长。梁守槃、骆维驹会同有关技术人员、工人、干部，快马加鞭地进行总装厂的改建工作。他们首先制订了《改型设计的岸舰导弹试制的总方案》，然后根据总方案的要求又制订了《厂房技术改造计划》，使各项工作有条不紊地展开。调整原来的生产线，增加车间数量，重新明确分工，充分利用原有的库房、平房、天井改建扩大生产用房面积；建立配套工种、生产线，如模线样板、有色钣金、非金属制造、部装、总装和测试等生产线。对各类技术人员、工人进行专业归口和培训，从兄弟单位抽调和借调一批专业对口的技术人员和短缺的技术工人，并派部分人员、工人到对口工厂进行短期培训。从厂房建设、设施设备等技术手段的建设、工艺技术、生产技术、各项规章制度以及各类人员队伍等方面，进行导弹总装厂的全面建设。

随后，根据飞航式海防导弹研制的需要，将在北京的三院 31 室、32 室两个研究室迁往天津，分别组建指挥仪研究所（即后来的 8357 所）和红外技术研究所（即后来的 8358 所）；将一分院的地面设备研究所（710 所）的三室划归三院，组建三院直属的 33 室（地面设备研究室），后与七机部承担汽车修理的京西厂合并，组建了地面设备研究所（8359 所）。还将 349 厂（原 423 厂香坊部分）、254 厂（哈尔滨航空工业学校改建的）等，划归七机部三院建制。至此，作为承担飞航式海防导弹研制任务的三院，无论是在技术基础设施设备，研究、设计、工艺、试制、生产、试验、测试、检测等技术手段等方面，还是科研生产队伍方面，都已基本形成了完整、配套的科研生产体系，可以承担各类飞航式导弹等大型系统工程任务。十年磨一剑。在飞航式导弹领域，三院已跻身于世界先进水平的行列，并保持着良好的发展势头。梁守槃等老一辈航天工作者的创建与奠基功劳将永载史册、流芳千古。

2.“上游”上岸 解决关键

1957 年冬开始，从苏联进口的几种导弹和技术资料、图纸陆续运抵中国，包括 P-2 液体近程地地弹道导弹（国内代号为“1059”）、P-11ΦM 潜舰导弹（国内代号为“1060”）、C-2 岸舰导弹（国内代号为“542”）、C-75 地空导弹（国内代号为“543”）、Π -15 舰舰导弹（国内代号为“544”），以及国内代号为“545”的空空导弹等。随即开始进口技术资料、图纸等的翻译与复制工作，并开始启动技术资料、图纸的学习和消化工作。1960 年 4 月 25 日，国防部五院一分院成立了海防导弹总体设计部（代号为一分院四部），中国开始了“542”“544”“1060”的仿制工作。1960 年 6 月 28 日，国防部五院二分院为“542”岸舰导弹总体设计单位，任命张立中为总设计师；任命谢光选为“1060”潜舰导弹总设计师，王太楚为副总设计师。从苏联进口的这些导弹，有的仿制工作已全面展开，并接近完成，

“542”“544”“1060”等导弹的仿制工作也即将全面展开。

然而，1959年6月20日，苏共中央致电中共中央，借口西方国家获悉苏联正在新技术方面援助中国，影响苏联与美、英等国正在日内瓦进行的关于禁止试验核武器的谈判，要中断若干对华援助项目。赫鲁晓夫集团单方面撕毁了1957年10月15日中苏双方签订的《国防新技术协定》。从此开始停止向中国提供技术资料、图纸、设备和材料等，同时开始撤回援华专家，到1960年8月12日，在国防部五院工作的苏联专家，期满的已陆续回国，未期满的最后一批专家也奉命全部撤走。

1960年7月，根据聂荣臻副总理对飞航式海防导弹仿制工作的指示，即“海军提出的型号，可先摸清资料情况，不忙着搞，战线不能拉得太长，应集中兵力、重点突破”，北戴河国防工业会议决定：停止“542”岸舰导弹的仿制，集中力量仿制“544”舰舰导弹，并将其命名为“上游一号”。此外，决定“上游一号”舰舰导弹的仿制工作由三机部负责；国防部五院为总体设计单位，负责抓总；四、五、六机部配合。1961年，国防部五院和三机部共同成立了上游一号导弹总设计师组，负责处理仿制中的设计问题。国防部五院一分院四部派出设计人员到三机部南昌320厂参加“上游一号”的仿制工作，负责处理仿制中的技术问题。1963年4月12日，国防部五院党委常委会决定：一分院四部负责“上游一号”的总体设计，一分院三部负责发动机研制；二分院二部负责弹上末制导雷达研制，二分院四部负责自动驾驶仪研制。各设计部要对口参加仿制工作。1963年10月5日，国防部五院任命吕琳（时任一分院四部主任，后任七机部三院副院长）为仿制“上游一号”武器系统总设计师。

“上游一号”武器系统的仿制工作全面展开，国防部五院有关科技人员同三机部南昌320厂的干部、技术人员、工人大力协同，心往一处想，劲往一处使，解决了仿制中的一系列技术难题。1963年10月，320厂仿制出了“上游一号”

第一发模型弹，在试验基地进行了飞行试验，取得了成功。1966 年 5 月至 7 月，“上游一号”混合弹(即弹上控制系统采用苏联的进口产品，其余的为国产产品)，分别在陆上和海上进行了飞行试验，均获成功。在一系列飞行试验和改进工作的基础上，1966 年年底进行了定型飞行试验，取得了 9 发 8 中的好成绩。至此，“上游一号”的仿制工作圆满结束。中国第一种战术飞航式海防导弹正式投入批量生产，并列装海军部队，从而结束了中国海军有舰无弹的历史。

1963 年，国家主席刘少奇指示：“加速研制岸舰导弹，变渤海为内海，打击敌人的海空优势。”1963 年 9 月，国务院副总理、中央军委副主席兼国防科委主任聂荣臻指示：“通过仿制，在摸透‘544’导弹以后，加以改进，增大其射程，并改装为岸舰导弹。”

为贯彻落实中央领导的指示与部署，国防部五院一分院四部和南昌 320 厂，分头开始论证在仿制苏 П -15 舰舰导弹的基础上自主改型研制岸舰导弹的方案。1965 年 4 月 23 日，国防工办主持召开了关于岸舰导弹初步技术方案问题的会议，三院的初步方案与 320 厂的初步方案非常相似，都是以引进 C-2 岸舰导弹的战术指标为基础，在仿制苏 П -15 舰舰导弹的基础上改进。经过两个星期的讨论，商定了弹上各分系统及地面设备各分系统的研制生产单位，任命了总设计师和各分系统的主任设计师。国防工办赵尔陆副主任征求了七机部钱学森副部长的意见，于5月8日在会议上宣布：七机部三院为“海鹰一号”总设计师单位，梁守槃任总设计师，三院负责全武器系统配套及相互协调工作；320厂为弹体设计生产的主战场，三院三部可到厂参加工作，受厂党委领导，三院不过问导弹弹体的具体设计工作。会上，海军装备部的代表提出：希望新改进的岸舰导弹武器能单向封锁渤海湾，以免在未来战争中因某一面（辽东半岛或胶东半岛）军事上的暂时失控而遭敌舰进入中国内海。这就要求改型研制的岸舰导弹射程增大一倍。会议上，海军对此未做坚持。

“4·23”会议后，七机部三院由党委书记郁文、副院长梁守槃（院长林毅此时去勘察三线选址）带队赴南昌320厂，商谈导弹弹体合作事宜，并将商谈情况报告了七机部，三院提出了曾经讨论过的弹体外壳与燃料箱合一的设想（称为承力箱体），以增大射程，满足海军装备部提出的单面封锁渤海湾的要求。三院的意见得到了七机部王秉璋部长和部机关的支持，三院抓紧解决承力箱体受力问题这一关键，1965年8月，完成了承力箱体受力试验，证明可用。三院正式行文上报七机部，建议这一岸舰导弹命名为“海鹰二号”，其地面设备则完全

海鹰二号岸舰导弹

采用“4·23”会议上所确定的全部设备。王秉璋向赵尔陆作了汇报，赵尔陆表示：“同意安排，但320厂的‘海鹰一号’和三院的‘海鹰二号’，国家只能采用一个，将来谁做得好、做得快，就用谁的。”就这样，320厂改型研制的海鹰一号岸舰导弹和三院改型研制的海鹰二号岸舰导弹开始了并行研制。

320厂与三院并行研制海鹰一号和海鹰二号岸舰导弹，无疑具有竞争之意，但彼此的协作、合作与配合还是很融洽的。三院作为总设计师单位，特别是梁守槃作为总设计师，在搞好“海鹰二号”改型研制的同时，也殚精竭虑地做好“海鹰一号”改型研制的有关工作。1966年11月，“海鹰一号”和全部的地面设备都已齐备，由三院组织合练，证明各分系统、设备相互配套、协调，个别问题经调整、改进合格后送往发射基地，12月28日，“海鹰一号”在海军发射基地进行首次靶试，飞满了最大射程，但未中靶标。当时进行了故障分析，从遥测数据看，是末制导雷达工作不正常，认为是末制导雷达生产质量问题。采取措施后，在1967年1月和4月又进行了两次靶试，同一故障现象仍然重复出现。试验现场的广大科技人员众说纷纭，对产生故障的原因形成不了共识。国防科委于5月召开了关于“海鹰一号”故障分析及制订改进措施的会议。经过充分讨论，会议决定：由海军发射试验基地测量发射架的俯仰摆动频率，以供故障分析。

梁守槃作为岸舰导弹武器系统的总设计师，深感使命在肩，责任在身，尽管当时“文革”所带来的动乱愈演愈烈，他还是在测量发射架俯仰摆动频率的试验工作准备就绪后，来到海军发射试验基地，亲赴现场，察看发射架、导弹等实物。1967 年 8 月进行了测量发射架俯仰摆动频率的试验，取得了测量数据。他拿到有关数据后，回到试验基地招待所，根据力学理论凭借一把双对数计算尺，彻夜计算，直到次日天明，计算有了结果。从计算结果发现，导弹在发射架上滑行时，由于前后滑块先后离轨，发射架的导向梁因受力变化而发生反弹，使末制导雷达与弹体碰撞，以致损坏。他联想到，苏联 Π -15 导弹发射条例中规定，导弹只能在快艇抬头时或低头角速度不大时发射。这一规定也验证了他的分析与计算。

飞行试验的遥测数据和理论计算的结果，加上苏联发射条例中规定的印证，为查找前三发海鹰一号导弹飞行试验受挫的原因提供了依据，也为解决问题指明了方向。于是，梁守槃斩钉截铁地提出：“将发射架的导向梁导轨截短 1.2 米，再将导流槽底板尾段向下弯 40° ，然后再进行发射。”接着他进一步做了阐述：“导向梁的导轨截短后，在导弹的前滑块离轨后，助推器的喷流开始压在导向梁尾段，产生抬头力距，以减轻导向梁因导弹前滑块离轨产生的反弹倾向，从而避免雷达在弹内的大幅度跳动。”采取改进措施后，在 1967 年 9 月下旬，“海鹰一号”又进行了发射，飞行试验结果证明雷达工作正常，前三发飞行试验受挫的故障被排除了。

解决了前三发的故障问题后，在飞行试验中又出现了新的问题。在弹上雷达开机后，导弹的飞行方向虽已转向目标，可导弹却在离靶标数百米处俯冲入海，仍未命中靶标。经过分析，参试人员都认为：导弹俯冲下滑速度太大，而俯冲过程中，导弹的飞行方向是以雷达波束中心与靶标的连线为基准的，因此，雷达天线轴线与导弹弹体轴线之间的夹角（称为天线回调角）就成为导弹俯冲过程中的飞行攻角，而且海鹰一号导弹弹重比苏联 П-15 导弹弹重大得多，因此，必须根据导弹的风洞吹风数据，决定导弹飞行攻角，再确定天线回调角。梁守槃根据这一概念，列出了导弹运动方程，再按“海鹰一号”的弹重，计算出了天线回调角，并指出，天线回调角的数值应随导弹的作战射程不同而变化，因为导弹在飞行中，燃料不断消耗，随着导弹的飞行时间增加，导弹愈来愈轻，天线回调角也应减小。根据他的分析计算，向雷达生产厂提出了雷达的修改任务书，使雷达天线的俯仰方向随飞行时间的增加而改变。在对雷达天线回调角进行调整后，1967 年 10 月 21 日，海鹰一号导弹在海军发射试验基地再次进行飞行试验，直接命中靶标，首次喜获成功。

梁守槃在解决“海鹰一号”发射架导向梁的问题和天线回调角这两大技术难题中，发挥了举足轻重的作用，彰显了他扎实而深厚的科技理论功底和丰富的实践经验。

三机部 320 厂在中国海防导弹事业的开创与奠基中作出了重要贡献，1967 年 8 月，仿制的上游一号舰舰导弹设计定型，1974 年 5 月，进行了改进，换装了末制导雷达和无线电高度表；简化了发动机；使用了集成电路的运算放大器，使其满足导弹超低空飞行弹道的控制要求。改进后的“上游一号”命名为上游一号甲舰舰导弹，1982 年第四次定型飞行试验成功，1984 年 3 月，“上游一号甲”设计定型。

海鹰一号岸舰导弹于 1970 年 10 月成功地进行了定型飞行试验，1974 年 8 月完成设计定型。“海鹰一号”虽未装备岸舰导弹部队，但后按海军要求列装在导弹驱逐舰上，作为舰舰导弹武器系统。1973 年 9 月，“海鹰一号”装在驱逐舰上进行首次打靶飞行试验，4 发导弹全部命中目标。1976 年 1 月，“海鹰一号”设计定型。1983 年至 1985 年，又对“海鹰一号”进行了升级改进，命名为海鹰一号甲舰舰导弹。

在上游一号舰舰导弹的仿制中，作为总设计师单位的国防部五院一分院四部和总设计师吕琳、李同力等，都为之作出了贡献。在上游一号甲舰舰导弹、海鹰一号岸舰导弹、海鹰一号舰舰导弹、海鹰一号甲舰舰导弹的改进研制中，总设计师单位七机部三院及总设计师梁守槃，在总体设计、有关分系统配套、关键技术的解决和组织协调等方面，发挥了举足轻重的作用。

3. 改型研制 技术带头

1965 年 1 月，国防部五院三分院改组为负责飞航式海防导弹研究设计的七机部三院后，根据刘少奇主席、聂荣臻副总理等党和国家领导人的指示精神，开始酝酿和论证岸舰导弹的方案。当时三院有两种方案：一种是以苏联的 C-2 岸舰导弹的战术技术指标为准，以仿制的上游一号舰舰导弹为基础，进行改型设计；另一种方案是为了增大导弹的射程，仿效“东风二号”的办法，将推进剂贮箱与导弹的外壳合并，制成承力式箱体，以加大推进剂贮箱的横截面积，增加推进剂贮箱的容积，同时又避免弹体过长，风险是飞航式导弹是有翼的，箱体受力情况比较复杂，初次设计，可能会出现意外情况。这两种方案都上报了。

1965 年 8 月，中央军委批准了七机部三院的采用承力式箱体、增大射程、提高命中概率的海鹰二号岸舰导弹的研制方案，并与320厂的海鹰一号岸舰导弹并行研制，最后择优装备部队。

作为分管技术工作副院长、技术指挥员和总设计师的梁守槃，自始至终主持和参加了“海鹰二号”的研制和飞行试验工作。林毅院长指派梁守槃提出加速研制工作的原则，经同有关领导、科技人员反复商讨后确定：为了保证研制工作的进度，必须周密计划，齐头并进，在总装时互相配合协调，避免返工。在这一原则指导下，召开了全体设计人员会议，发动群众深入讨论、统一认识，为研制工作献计献策，首先是确定“上游一号”中哪些部件可以借用，完全不改。在这个问题上，有人认为：“上游一号”的某些构件，虽然可用，但稍加更改，可以更好。对这类意见，梁守槃等院领导明确表示：如不能讲清需要更改的必要性，而只是为了“更好”，则一律不改。并要求：三院各单位在设计与这些借用件相互配合的部件的尺寸时，要确保与借用件尺寸公差等方面相符合，不允许更改借用件。为此在会议上明确宣布，这是一条强制性的规定。

“海鹰二号”的改型研制工作在三院分两个主战场展开。一个是导弹总体设计部，重点是围绕增大射程带来的一系列问题进行分析、研究、计算、设计和试验。1965年8月，经过全体参研、参试人员的共同努力，完成了承力式箱体受力问题的分析、计算和试验工作，证明三院已试制成功技术指标符合要求、合格的承力式箱体，成功地解决了容积、质量、长度、刚度等问题，为“海鹰二号”的总体方案提供了重要的支撑。另一个主战场是导弹总装厂，重点是建立导弹模型和工装，试制模样弹。159 厂采用大协作的办法，超常规地赶制出了工艺装备。岸舰导弹不同于一般的机械产品，是一个薄壳轻合金结构，有严格的气动外形要求，零件离散度大，装配协调关系复杂，全靠模具、型架铆接（焊接）组合装配而成。工装数量大，且绝大部分工装的制作都是通过理论外形（曲线方程）绘制成 1:1 理论模线进行传递，加工成具有一定刚度的各种金属样板。这些样板既是制作工装型面的依据，又是校验工装和零件的量具，是开展导弹试制的重要物质基础。据“上游一号”仿制资料统计，“0”批共选用工装 1721 套，制作工时 349806 小时。“海鹰二号”与“上游一号”结构类同，如参考“上游一号”的工装情况，按当时 159 厂的条件，即使是用两年时间也难以完成工装制造任务。为了加快试制进度，必须解决工装的制作问题。梁守槃带领院机关有关人员深入 159 厂，同厂长骆维驹等反复协商、讨论，确定了工装选用的原则，确定“0”批次海鹰二号岸舰导弹运用工装 877 套、样板 3500 多块，组织院内外、部内外大协作赶制工装。同时，还列出了工艺技术关键项目，成立攻关组，如薄板化学铣切、玻璃钢泡沫塑料天线罩、承力式油箱、高压气瓶等，组织设计人员、工艺人员、生产工人三结合，分别进行车间级和工厂级的攻关，从而保证了试制工作的顺利进行。

除组织院内两个主战场的攻关会战外，还组织开展了院外有关单位的大协作。例如，三院 31 所和沈阳 111 厂成立了联合设计室，负责研制“海鹰二号”发动机。经过 20 余次单项试验，14 次冷、热试车，于 1966 年研制出了合格的发动机，交付总装。更为关键的是，在国防工办副主任赵尔陆的鼎力支持与协调下，三机部 320 厂识大体、顾大局，愉快地接受了三院提出的八架份产品订货合同，还向三院提供了试制工作所需的机床及桁架清单，为“海鹰二号”的试制工作大开绿灯。当年全国大协作的气氛非常浓，有关单位一听说要搞出中国的导弹，都不讲任何条件地接受订货，所以地面设备等的各项合同都很快签订了。协作配套单位都用实际行动全力以赴地支援“海鹰二号”研制两个主战场的攻关会战。

梁守槃带领全体参研人员团结奋斗，刻苦攻关，解决了一系列的技术和工艺难题。1967 年 9 月，320 厂试制的“海鹰一号”和三院试制的“海鹰二号”同时运到海军发射试验基地进行飞行试验。9 月 27 日，梁守槃主持了海鹰一号导弹天线回调角调整问题会议，他在会议上详细阐述了天线回调角应根据射程等进行调整的理由。会后，他举一反三，认为两天后发射的“海鹰二号”也有天线回调角调整问题，于是组织有关科技人员对“海鹰二号”雷达天线回调角进行计算，根据计算结果，在技术阵地进行了雷达天线回调角的调整。1967 年 9 月 29 日，“海鹰二号”第一发导弹首次进行了打靶飞行试验，命中靶区，获得圆满成功。参试人员兴奋地返回北京，欢度国庆。10 月 27 日，在海军发射试验基地进行了第二发“海鹰二号”飞行试验，又获圆满成功。聂荣臻亲临现场观看，给了参研、参试人员极大的鼓舞。

1968 年 10 月 12 日和 15 日，两发大射程的海鹰二号导弹又进行了飞行试验，获得成功。此时，七机部三院向海军提出，请求安排“海鹰二号”定型飞行试验。在“文革”动乱的年代，梁守槃与参研的广大科技人员、工人、干部一起，排除干扰，发扬爱国、奉献精神，同海军发射试验基地的广大指战员，于 1969 年开始进行定型飞行试验，取得了 5 发 4 中的好成绩；1970 年 3 月，最后进行了两发“海鹰二号”齐射的飞行试验，双双命中靶标。定型飞行试验取得了 7 发 6 中的佳绩，超过了海军确定的 7 发 5 中为合格的标准，通过了定型飞行试验。“海鹰一号”在靶试中几经改进，于 1971 年通过了定型飞行试验。最终海军决定岸舰导弹采用三院研制的“海鹰二号”，“海鹰一号”改为舰舰导弹，装备在驱逐舰上。

“海鹰二号”定型后，旋即开始批量生产装备部队，从而有效地改善了海军装备，提升了中国海防实力。总结会上，梁守槃在谈到“海鹰二号”只进行了11发导弹的靶试就顺利完成定型任务时，颇为动情地说：“‘海鹰二号’的成功，是三院发动群众、上下一条心的结晶。在解决技术问题时，以试验数据为依据，包括海鹰二号导弹和与其类同的上游一号、海鹰一号导弹的飞行试验数据以及重要的地面试验数据，结合理论分析计算和广泛深入的群众讨论，在讨论中充分发扬民主，让各种不同的意见都得到发表。然后再进行综合分析，做出结论。”2003年时，早已过了耄耋之年的梁守槃还清晰地记得当年三院和320厂的试验队同在海军发射试验基地，320厂同志半开玩笑，但富有哲理的一段话：“我们320厂打靶前讨论时，大家的意见不多，但打靶不顺利；三院开会时，争论不少，有时争论得面红耳赤，但每次打靶都能命中。也许正是因为三院争论才能命中吧！”他认为320厂这位同志的话，从一个侧面反映了技术民主的必要性。他坚定地认为，并在他撰写的《航天技术工作回忆》中记述：理论结合实际、技术民主，是做好技术领导工作的两件法宝。

4.“海二”挂机 研制“鹰六”

1965年，三机部向七机部提出：准备安排在飞机上挂导弹，征求七机部的意见，是否同意承担这一导弹的研制任务。这一文件批转到三院，三院党委就此问题进行了讨论，梁守槃坚定地表示，三院能够也应该承担这一空舰导弹的研制任务，并详细地述说了三院所具备的条件，完全可以承担。三院党委决定：同意承担此项任务。1966年1月，七机部领导指示：应先以空舰导弹为主，暂不考虑空地导弹。3月23日，国防科委发出关于空舰导弹武器系统研制分工问题的通知，将这一工程代号定为“371”工程，明确七机部三院负责导弹及其专用设备、跟踪雷达、指挥仪、射前检查车以及发射系统的研制任务，导弹名称为“风雷一号”；三机部承担载机的研制任务，载机名称为“轰六丁”。

据此通知，三院开展了方案论证工作。1966 年 10 月，三院召开会议，确定这一空舰导弹在海鹰二号岸舰导弹的基础上进行改型设计，气动外形不变。11 月，三院向七机部呈报了研制任务书，七机部转报国防科委、总参谋部。12 月 12 日，国防科委、总参谋部予以批准，这一空舰导弹被正式命名为“风雷一号”。1967 年 5 月 15 日，三、七机部在北京联合召开了“轰六丁”挂风雷一号导弹总体方案审定会，即“371”会议，国防科委、总参谋部、国防工办、空军、海军、中国科学院等 34 家单位的代表参加了会议，审定了总体方案，并进行了技术协调，确定了分工定点。后由于“文革”的干扰，三机部飞机制造厂决定取消“轰六丁”任务，风雷一号空舰导弹武器系统的研制工作无法继续进行，于 1969 年被撤销。

1972 年夏，海军重新提出研制空舰导弹，并建议改名为“鹰击六号”。1976 年 2 月 6 日，空军向总参谋部呈报了《关于研制轰六飞机挂海鹰二号空地导弹的请示》，建议将海鹰二号空舰导弹武器系统装备于轰六飞机，同时研制成空地型，既能攻击海上目标，又能攻击陆上目标。3月13日，该导弹正式命名为“鹰击六号”。嗣后，载机命名为“轰六丁”。尔后，三院召开了“7601”会议，决定以“风雷一号”设计方案为基础开展研制。“文革”结束后，“鹰击六号”的研制工作全面展开。

梁守槃作为分管技术工作的副院长和“鹰击六号”原型“海鹰二号”的总设计师，在“鹰击六号”方案论证和研制中，领导和主持了多项技术难题的解决，并适时地提出了自己的意见和建议，促使一些技术难点和疑点得以解决。

例如，关于载机和所带导弹的表面温度问题。有人提出，载机的飞行高度由几千米到大气的平流层，周围的大气温度最低可达 -56.5℃。而导弹上的压力作动筒，所用油料的工作温度为 ±40℃。为了保证载机在高空飞行时顺利投放导弹，应首先寻找能在 -60℃到 40℃温度范围内稳定工作的油料。梁守槃凭借自己扎实的理论基础和实践经验，进行了分析、计算，认为载机飞行时会受到气动加热，载机和所带导弹表面的温度不可能低于 -38℃，现在压力作动筒的油料完全可以使用，没有必要重新研制新的油料。经过实际的飞行试验，在各种飞行状态下，测得飞机表面和所挂导弹的温度都不低于 -37℃。理论计算再

挂在机翼下的鹰击六号
空射型反舰导弹

一次指导了实践，并在实践中验证了理论计算。

另一个问题是，2 吨多重的导弹投放时，是否会使飞机产生剧烈的滚动。在方案论证中，有人认为，2 吨多重的导弹从飞机上突然释放，就等于对飞机突加 2 吨多的力，会使飞机产生剧烈的滚动，应予以认真对待。梁守槃亲自进行了分析研究，他对飞机投放重磅炸弹的实例进行了分析，认为鹰击六号导弹的重量只占飞机全重很小的百分比，而且在飞机巡航时，导弹本身也受到空气给予的外力，导弹与挂机之间的力，比弹的重量小得多，投放导弹应当是没有问题的。后来在一次导弹运载试验中，只挂在飞机上带飞，并不投放，可由于悬挂系统出现故障，导弹突然自行脱落，飞行员却毫无感觉，在收到地面观察站的无线电通知后，才知道这一故障。而这一意外的事件，却间接证明了载机投弹时，不会使载机产生剧烈的滚动。这一问题不攻自破。

再如，载机投弹时是否需要弹射的问题。为了观察导弹投放后是否有可能与飞机机身相撞，在风洞里做了缩比模型试验，观察到导弹模型有较大的飘浮运动。因此，有人提出需要在投放时对导弹施以弹射力，使之迅速脱离飞机机翼的气流区，以确保安全。梁守槃对此进行了深入的了解、分析、研究，发现所用的缩比模型，只注意到了模型的受力与导弹飞行中的受力成比例，而没有考虑模型的重量、转动惯量也与导弹的重量、转动力矩成相同的比例（实际上只有约1/10）。他按比例进行了换算，得出了导弹不可能撞上载机的结论。后来意外下落和投放试验，证明了投放的安全性。所以，鹰击六号导弹武器系统没有采用任何弹射装置。这也彰显了梁守槃一贯坚持的“简单就是武器设计的原则”，这也正是理论结合实际所结出的硕果。

1982年6月19日，轰六丁飞机挂载鹰击六号遥测弹的飞行试验，在海军发射试验基地进行，载机从山海关机场起飞，共发射3发导弹，均按指令飞行，直接命中靶船，此次试验于12月16日结束。1984年1月3日，“鹰击六号”搭载“轰六丁”的导弹武器系统进行了靶场鉴定性飞行试验，共发射4发空舰导弹，均直接命中靶船，通过了靶场鉴定试验。但中国海军没有订购，三院另辟蹊径，通过中国精密机械进出口公司向国外推销“轰六丁”及鹰击六号导弹武器系统。供货合同签订后，征得买方同意，以交货的第一发导弹的试射结果作为验收依据，由买方人员操作执行。结果首发直接命中，买方非常满意。鹰击六号导弹武器系统定型创汇工作，创造了佳绩。

5. 改进提高 形成系列

虽然“海鹰二号”一共发射了11发导弹就通过了设计定型飞行试验，但这并不等于设计是完美无缺的。梁守槃和科技人员在整理飞行试验的遥测数据时发现，有的飞行试验，没有在弹上雷达开机时立即发现目标，而是在初次搜索落空时，进行全程搜索才找到目标，然后瞄准命中。这虽然满足了定型命中概率的要求，但在实战中，海上目标不止一个，导弹就有可能抛开原来瞄准的目标，而飞向次要的敌舰目标。对此，梁守槃和他的同事们进行了分析，发现这是因为在雷达开机时，导弹与目标的距离与预计值相差太大，也就是说，导弹航程的计算不够准确，这个导弹航程计算公式取自 П -15 舰舰导弹（“上游一号”）的技术资料，Π-15导弹的射程小，没有考虑风速的影响，认为导弹对地面的飞行速度是常值，产生的误差不大。但“海鹰二号”的最大航程已数倍于“上游一号”，风对导弹飞行速度的影响就不能忽略了，这就是造成导弹航程计算误差太大的原因。找到了问题症结，他们搜集了已有的发射时的现场气象资料和相应的各发导弹的光测数据，进行拟合，修改了导弹航程的计算公式，考虑了航向风速（逆风或顺风）的影响，这样导弹航程的计算结果与光测值相差都在200米以内，保证了导弹雷达开机时导弹与目标的距离都在预计值内，能立即发现目标。

另一个需要改进设计的项目，是使用部队反映的，即当发射架处于海拔400米以上的高度时，有部分导弹助推后俯冲入海。这样的发射点高度超过了任务书中所规定的数值，但这一现象显然影响岸防实战的使用，必须改进。梁守槃指派时任“海鹰二号”副总设计师的鲍克明带队赴现场（鲍克明后来担任三院院长、航天部副部长、海南省常务副省长等职）。鲍克明一行先对已在低海拔处发射的导弹的飞行程序和实际飞行高度进行拟合计算，确定每一个指令程序对飞行高度的影响。在理论计算与实际数值相符后，列出公式，找出导弹俯冲入海的原因，然后调整有关的指令参数。对指令参数调整后的导弹进行发射试验，导弹的飞行弹道较前平滑，不再提前入海。而且导弹的平飞高度也降低到50米，提高了导弹攻击的隐蔽性。这一问题的圆满解决，受到了海军的奖励。

梁守槃亲自领导和参加了这两个问题的解决，并亲自查阅有关数据，推导公式，进行计算，发挥了技术带头人的作用。这两个问题的解决，极大地改善了“海鹰二号”的作战使用性能。

在“海鹰二号”定型后，为了提高导弹抗干扰能力和突防能力，1970年开始“海鹰二号”甲红外弹的研制，即将雷达导引头改换成红外导引头。采用被动式的红外末制导系统，以提高导弹飞行中的隐蔽性，避免末制导雷达遭到干扰的问题，早在三院改组为飞航式海防导弹研究设计院时就已提出，为此，根据梁守槃等的建议，将国防部五院二分院第六设计部的红外技术研究室调入三院，称七机部三院32室，后搬迁至天津组建302所，又改称8358所。该所于1965年就已开始红外末制导技术的预先研究工作，此时，关键技术已突破，并取得了阶段性研究成果。

后来，埃及用苏制导弹击沉以色列的艾拉特舰后，防御反舰导弹和反防御都成为海战武器中的重点。红外末制导技术作为一种被动式的探测技术，正是适合这些重点武器的技术。302所更加抓紧这一技术的研究。首先是选定红外敏感元件，对硫化铅和锑化铟两种红外敏感元件，都在试验室中进行了试制和试验，都制成了试验件。在进行水面试验时，发现硫化铅的敏感波长被水汽吸收，作用距离较短，因而放弃，而选定锑化铟作为红外敏感元件。另一个关键是机头罩透波材料的选定工作，既要有良好的透波性能，又要能满足超声速工作条件下的强度要求，选定了在高温（250℃）条件下仍具足够强度的二氟化镁，并经过压力机械的反复试验，制成了合格的机头罩。还有是红外敏感系统的制冷装置，302所并没有采用理论上最纯的高压氮气系统，而使用了随时可以得到的高压空气，作为制冷介质，并加了分子筛过滤，做成制冷装置，满足了实战要求。在解决了这些关键技术后，试制了海鹰二号甲红外弹。

海鹰二号甲红外弹的靶标是由三院31所研制的，将四个点火装置放在一个圆筒内，分别控制各处的表面温度，以防止在海面工作时，受海风影响而发生靶标各处温度不均匀的现象。靶标试制完成后，测定其辐射能量约为3000吨级军舰辐射能量的一半儿。尔后，将红外探测系统和靶标在海面上进行试验，测得红外探测系统能在距靶标20余千米的距离发现目标。地面发射系统仍使用“海鹰二号”已有的装备。

1975 年 12 月 12 日，研制的海鹰二号甲红外弹在海军发射试验基地进行了首次飞行试验，共发射 3 发，2 发命中靶标，第三发未命中目标。靶试后进行了飞行试验结果分析，发现红外波的辐射圆锥角比雷达波的辐射圆锥角小，在导弹飞行中，不易稳定地跟踪目标，因此决定在弹上红外探测系统中，加装陀螺稳定装置，以避免在导弹飞行中，因弹体的俯仰振动而丢失目标。经过改进后，1980 年 11 月 25 日，海鹰二号甲红外弹在海军发射试验基地完成了设计定型飞行试验，取得了 6 发 5 中的好成绩，并进行了批产和装备部队。

红外弹本身不发射辐射波，不易被敌人发现，在夜间发射或对陆上的热点，例如热力发电厂等进行打击时，易于命中目标。但也有其缺点，在晴朗的天气下，不能正对太阳对敌舰进行攻击，要偏 30° 以上。而且敌舰的热力辐射主要由烟筒发出，烟筒距离海面的高度是随舰体的大小而改变的，不易打在敌舰的水线附近。为了解决命中点的高度问题，梁守槃会同有关科技人员，提出了采用双平面制导的方案，即方位由红外导引头引导，命中点离海面的高度采用无线电高度表控制。这一双平面制导方案，后来在海鹰二号乙降高弹、鹰击八号导弹、鹰击一号导弹上应用，并都获得了成功，红外制导技术得到了广泛的应用。

“海鹰二号”定型后，在提出红外弹时，研制团队也提出降高弹的项目，其目的就是通过降低导弹的飞行高度，使导弹在大部分飞行中都处在敌方雷达视区以外，在接近敌舰时，由于海浪杂波干扰，导弹的尺寸与海浪的雷达反射截面同属于一个量级，敌雷达很难区分，这样就可以增加导弹的突防能力。

研制降高弹的关键是研制符合要求的高度表。“海鹰二号”使用的是膜盒高度表，精度比较低，在 100 米至 300 米高度平飞时，实际飞行高度与高度表显示的高度常有几十米的误差。使用膜盒高度表进行掠海飞行，显然是不合适的。三机部的用于飞机上的已定型的无线电高度表，虽测量范围在千米以上，但测高误差却很大，而且这型无线电高度表，在离海面较近的高度飞行时，有“高指”现象，即在离海面较近时，实际高度在降低而高度表的读数反而增大，也不适用。梁守槃组织有关科技人员进行讨论，未决定降高弹立项。他组织三院 558 厂（1982 年 10 月改组为三院 33 所）和 239 厂分别研制小量程的无线电高度表，主要是解决“高指”问题。经过试飞和设计修改，558 厂和 239 厂分别研制成功了适用于降高弹的无线电高度表。这时，他才批准降高弹立项，列入科研计划。

1980 年 1 月 20 日，海鹰二号乙降高弹首次在海军发射试验基地进行研制性飞行试验，发射 3 发，2 发成功，1 发失败。1982 年 6 月 4 日，海鹰二号乙降高弹在海军发射试验基地进行了设计定型飞行试验，共发射 6 发导弹，5 发命中目标，于 8 月 10 日结束，完成了设计定型飞行试验。尔后进行了设计定型、批产和装备部队。

至此，已经研制成功的海鹰二号系列导弹，包括海鹰二号岸舰导弹、挂轰六丁的鹰击六号导弹、衍生出来的海鹰二号甲红外弹和海鹰二号乙降高弹。

6. 意义重大 影响深远

海鹰二号系列飞航式海防导弹是三院研制成功的中国第一个海防导弹系列，这一系列导弹装备部队，显著地提高了中国的海防实力，为提高中国的国防实力作出了贡献。在一定意义上也为中国提升国际地位、改变国际战略格局贡献了力量。梁守槃作为技术指挥员、总设计师，为之付出了艰辛的劳动、汗水和聪明才智，作出了突出的重要贡献，他用自己的实际行动兑现了投身军工、献身国防、科技强国的夙愿。

这一海防导弹系列研制成功，远不止为海军提供了导弹武器装备，使海军摆脱了有舰无弹的落后局面，还出口到有关国家，扩大了中国的影响，并出口创汇，助力于中国导弹事业的后续发展。不仅是鹰击六号导弹武器系统及其载机轰六丁实现了出口创汇，海鹰二号导弹也出口到有关国家，出口创汇。早在20世纪70年代初，朝鲜首相金日成知道中国已研制成功海鹰二号导弹，就向毛泽东主席提出，希望中国将该型导弹武器系统提供给朝鲜。三院根据党中央、毛主席的决定，保质保量地按时完成了海鹰二号导弹武器系统出口朝鲜的任务。自此开创了海鹰二号导弹出口的先河，后来经八机总局、八机部，并报中央批准，将海鹰二号导弹武器系统向中东国家出口换汇。开始，美国对中国出口的被

1985年，军工贸易洽谈（中为梁守槃，左为黄子凌）

称之为"蚕式"的导弹并不重视，后在中东战争中，进口"蚕式"导弹的国家在使用后颇为满意，美国开始重视此事，并向中国提出抗议，认为中国向中东出口"蚕式"导弹，影响了中东地区军事力量的平衡，应该停止出口。在海湾战争开始前，美国还向中国订购了"蚕式"导弹武器系统，经中央批准，海鹰二号导弹出口到了美国。这些导弹出口的意义远不止是创汇，更为重要的是提升了中国的声誉与威望。

值得一提的是，通过这一系列导弹研制，建设和健全了海防导弹研究、设计、试制、试验、生产、检测、测试的设施设备和技术手段，为后续飞航式海防导弹的研制、生产，奠定了坚实的物质基础，同时培养和锻炼了一支坚持自力更生、艰苦奋斗，敢于创新攻关，碧海献丹心，造弹铸忠诚的飞航导弹科研生产队伍，这是中国飞航导弹事业乃至整个导弹事业发展壮大的无价之宝。所铸就的飞航精神（团结奋进，负重拼搏，科学求实，敢为一流）是航天精神（自力更生，艰苦奋斗，大力协同，无私奉献，严谨务实，勇于攀登）、"两弹一星"精神（热爱祖国，无私奉献，自力更生，艰苦奋斗，大力协同，勇于登攀）的组成部分，也为中华民族的优秀文化宝库增了光、添了彩。

梁守槃

梁守槃院士传记

Academician Liang Shoupan's Biography

第八章

攻坚克难　研制“鹰八”

1985年9月，24快艇装“鹰击八号”的设计定型飞行试验6发6中。装载多种平台的“鹰击八号”定型飞行试验任务也陆续完成。1988年，此系列型号获国家科技进步奖特等奖，梁守槃是项目的主要完成人之一。

1984年10月1日，在中华人民共和国首都北京的天安门广场，正在进行国庆35周年阅兵式。一个又一个威武雄壮的阅兵方阵，正整齐而有序地接受检阅，邓小平等党和国家领导人不时地挥手致意。当中国的导弹方阵第一次在天安门广场上亮相时，观礼台上各国驻华使馆的官员和专家不约而同地站了起来，举起手中的各式相机，争先恐后地拍下中国的导弹方阵。忽然，驻华使馆的武官们高声惊呼："快看，中国的飞鱼导弹！"观礼台上顿时轰动起来。

飞鱼导弹是法国研制的一种反舰导弹，曾出口到阿根廷。在1982年爆发的英阿马岛战争中，阿根廷的飞机使用其从法国进口的飞鱼空舰导弹，一举击沉了英国的海军王牌谢菲尔德号驱逐舰。从此，法国飞鱼导弹名声大振，身价倍增。

中国的"飞鱼"是三院独立自主研制的鹰击八号空舰导弹，这是一种采用固体火箭发动机，小型化、高亚声速、超低空掠水面飞行、舰对舰和空对舰，已装备多种海军作战平台的多用途导弹。1982年3月20日，七机部党组决定，任命梁守槃为海防型号导弹武器系统总设计师，刘从军、鲍克明、路史光、吴宝初任副总设计师。1983年3月19日，航天部党组决定，任命姚绍福、易生为海防型号导弹武器系统副总设计师。梁守槃作为技术指挥员，自始至终领导和参加了鹰击八号系列导弹的立项、方案论证、研制和飞行试验工作，为之作出了突出的贡献。

1. 起步维艰 终获立项

1969 年 10 月 8 日，国防科委罗舜初副主任召开会议，海军航空兵部在会议上提出：希望研制一种小型导弹挂飞机，导弹重量相当于空投鱼雷的重量，采用固体火箭发动机，射程为 50 千米。梁守槃和时任三部副主任路史光参加了会议，并领受了研制小型导弹的任务。回到三院后，梁守槃和路史光向三院三部布置了这一小型导弹的任务，并组织了方案的论证工作。

在在方案论证中，梁守槃不仅是技术指挥员，而且将自己视为一名设计员，直言不讳地谈出个人的见解，这对一位老科学家是难能可贵的，特别是时值“文革”动乱时期，反动学术权威的帽子或其他政治色彩更浓的帽子，随时都可能扣在他的头上。梁守槃此时全家三口人，分居三处，只有他自己在三院驻地云岗；夫人傅鹤下放到河南淮滨“五七”干校劳动；儿子梁珪宣已到内蒙古土默特左旗铁帽公社插队。梁守槃思想、精神上的压力和生活上的困难可想而知，但他全然不顾，无怨无悔，无私无畏。在小型导弹气动外形选择上，有人主张以法国飞鱼的十字翼为蓝本。经过仔细思考，结合实践经验，他极力主张采用“海鹰二号”一字型翼的气动外形。在作战距离的确定上，有人提出只能达到 37 千米，海军所提出的 50 千米是不现实的。而固体火箭发动机的工作时间、喷管多长时间被烧坏这些问题，都应该通过试车台的试验来得出结论。不同的技术方案、技术途径的探讨，甚至争论，是技术方案论证中的正常现象，也是发扬技术民主的一种体现。1969 年冬，海军正式提出研制小型导弹的要求，主要的战术技术指标是：射程 25 ~ 50 千米，重量 200 千克，速度为 2 倍声速，采用固体火箭发动机。1971 年夏季，三院三部在二室成立了 12 人的预研工程组，其中从31所借调了丁振宗、常敬基、郑炳森等三名同志，开始了小型导弹的预先研究。1972年2月，三部向三院报告了超声速小型导弹的预研情况，并要求列入院的科研计划。3月9日，三部主任杨晋从“五七”干校回到北京，着重抓导弹型号研制、三室型号任务的落实和小型导弹的上马等工作。6月，院领导在听取三部工作汇报时批示：“研制小型导弹符合海军武器装备发展要求，部队急需这种武器，应尽量利用现有科技成果，早日研制出来。指标可以先低后高，有计划、有步骤地进行，每一步都要突破一两项技术难关。”同时，还明确了“一弹多用”的指导思想，应是舰舰、空舰两用。此时，领导的思想有所改变，但还未提出搞亚声速小型导弹的设想，小型导弹研制工作仍处于超声速和亚声速等战术技术指标比较论证的阶段。

在此后近一年的时间里，小型导弹的总体方案论证工作徘徊不定，无法全面开展研制工作。但在固体火箭发动机方面还是做了一些探索性的工作，如短喷管发动机的调研，试车的方法与工艺、生产手段等的研究。

1973年上半年，三部党委、部领导召开行政技术领导会议，讨论了落实三室型号研制任务及改为舰舰导弹研究室的问题。与会者认为二室研制“鹰击一号”的任务较重，将小型导弹的研制任务交给三室是合适的，将三室改为舰舰导弹研究室。随后，召开了三部党委常委扩大会议，经研究讨论，一致同意立即开展小型导弹的预研工作，将三室改为舰舰导弹研究室。三部将这次部党委扩大会议的情况向院党委、院领导作了汇报。1973 年 5 月 9 日晚，三院召开党委扩大会，听取三部关于小型导弹工作的汇报。这次会议由于笑虹院长主持，桂绍彬政委以及高立中、刘义、吕琳、侯青久、梁守槃等院领导出席了会议，听取了汇报。经过近 6 小时的汇报讨论，会议做出决定：批准小型导弹立即开展预研，任务由三部二室移交三室，对三室进行体制调整，并将小型导弹定为院的重点研制型号之一，其他的“海鹰二号”“海鹰三号”等重点型号的研制工作不变。这次会议使“鹰击八号”（俗称“小弹”）得以坚决起步，这是具有历史意义和决定性意义的一次决策会议。梁守槃亲历了这一系列的活动和会议，并极力促成“鹰击八号”立项研制。

1974 年 9 月初，在海军召开的一次会议上，梁守槃提出：请海军再次明确小型导弹的研制任务，以便清楚目标，落实研制任务。他的提请得到了海军王万林副司令员的首肯。9 月 16 日，海军（此时三院隶属于海军）向三院下达了固体发动机小型导弹的方案论证任务，明确了导弹射程和重量等战术技术指标要求。

在 1973 年 5 月 9 日的三院党委扩大会后至 1975 年上半年这一时期内，三院三部及其具体承担小型导弹总体技术方案论证工作的三室，在“文革”动乱时期，发扬艰苦奋斗、无私奉献的精神，克服重重困难，做了大量卓有成效的工作。例如，他们自己动手，设计了短喷管发动机壳体；向 845 厂订购药柱，在三部车间加工发动机壳体及药柱端面；粘贴装药包覆绝热材料；等等。当时的小型导弹还没有正式立项，没有经费，也无法建设正规的固体火箭发动机试车台。为了尽早摸清研制固体发动机的技术难点，解决这一小型导弹研制的关键技术问题，他们因陋就简、土法上马，在云岗荒凉的山沟里，将固体发动机头部朝下，喷管向上，埋在地里进行点火试车，用引线取得测试数据。试车受挫后，认真总结经验教训，主要是喉衬烧蚀、药柱的工艺和包覆绝热材料，以及紧固技术与点火延时等问题。对于后两个问题采取了改进措施，得以解决。唯独喉衬烧蚀问题，几经反复，最后委托北京钢铁研究院进行研究试验，采取钨渗铜石墨组合件铸成喉部壳体，烧蚀问题才得以解决。1973 年 10 月 19 日，进行了第三台固体发动机试车，取得了可喜成绩，发动机工作时间达 95 秒（当时国内已有的水平只有 60 多秒），推力达 174 千克。1975 年 1 月 31 日，冒着严寒进行了第四台固体发动机试车，又取得圆满成功。发动机工作时间达 210.5 秒，推力 170 千克（喷管长 420 毫米），这为小型导弹的研制提供了动力保证，也为小型导弹进入工程研制提供了依据，同时亦为后来的“鹰击八号”长喷管发动机的研制奠定了基础。

在小型导弹总体方案论证中，对亚声速方案与超声速方案、长喷管方案与短喷管方案进行了反复论证和比较，从起飞重量与推进剂重量、外形尺寸、突防方案、一弹多用、技术关键、研制周期、指标先进性与技术继承性的关系等方面，参照国内外的有关资料，进行了详尽的分析论证和计算。参加总体方案论证的人员还深入海、空军使用部队进行调查研究，部队急需小型导弹进行装备，因此，在研制指导思想上高度重视“快”，缩短研制周期；在战术性能上应是“一弹多用”“小、准、低”（小型化、命中精度高、超低空）；在研制途径上要正确处理创新与继承的关系。考虑到三院有研制高亚声速海鹰二号导弹的经验和实践，研制亚声速小型导弹，技术上比较成熟，肯定要比研制超声速快。至于亚声速带来的飞行时间长、易被敌方拦截等缺点，可将巡航高度降低到 30 米以下进行掠海飞行，隐蔽突防。论证组提出了“小型化、亚声速、超低空、隐蔽突防、一弹多用”的小型导弹初步技术方案论证报告。在 1974 年 3 月至 4 月间，经过反复协商，海军领导同意了这个技术方案论证报告。

梁守槃和三院副院长吕琳、三部主任杨晋等领导参加了小型导弹技术方案的论证工作。特别是在固体发动机选用短喷管还是长喷管这一重要技术问题的论证中，梁守槃坦率地提出了自己的技术见解。当时，上下均有不同看法，而且争论得很激烈，主张研制长喷管固体发动机的理由，主要是为了保证在发动机工作过程中，随着推进剂的消耗，发动机重心位置在导弹重心附近，减轻自动驾驶仪的负担，但要研制环形助推器。梁守槃指出：发动机重心与导弹重心重合是正确的，但是否因此就必须采用长喷管，值得研究。如果在发动机上装两个短喷管，左右对称，与导弹轴线成 11° 夹角，斜喷管造成的推力损失仅为 2%（$\cos 11^\circ \approx 0.98$），不比长喷管造成的推力损失大，对弹内仪器设备的安排有利，又不需要研制环形助推器。鉴于此，论证组进行了深入的分析、论证和比较：短喷管固体发动机预研基础好，生产工艺稳定，已试验成功两台，弹翼与弹身的连接较易安排，电池形状简单，便于生产。1975 年 1 月，进行了一台固体发动机试车，取得成功，所测得的数据均满足小型导弹的技术要求。2 月，论证组按短喷管发动机做总体部位安排时，计算了导弹重心的前后限，发现重心变化距离很大，自动驾驶仪负担过重，对低空飞行极为不利。但短期内改变重心变化大的缺点是不可能的。长喷管固体发动机的生产工艺难度较大，导弹总体部位安排较复杂，弹翼与弹身连接较麻烦，但这些困难是可以克服的。对短喷管固体发动机和长喷管固体发动机两个方案做了深入的论证与比较后，三部三室和三部领导意见一致，决定选用长喷管固体发动机方案，以此方案进一步开展小型导弹总体技术方案的深入论证工作。1975 年 6 月，三部编制了《小型导弹总体方案论证报告》，报院审查，并为召开小型导弹总体方案论证会议做准备。

1975 年 11 月 10 日，“小型导弹总体方案论证会议”召开，会议代号为“8511”。这是中央军委将小型导弹命名为“鹰击八号”后，召开的总体方案论证会议。海军副司令员刘道生亲自到会做了指示，国防工办、海军司令部装技部、八机总局机关等均派员赴会，指导并参加“鹰击八号”总体方案审查。会议进行了严肃、深入的讨论与审查，原则同意鹰击八号导弹的战术技术指标和总体方案，同意所提出的“研制程序”，会议取得圆满成功。“8511”会议对鹰击八号导弹研制成功具有重大的历史意义。

1977 年 9 月 15 日，国务院、中央军委常规装备发展领导小组正式批准研制鹰击八号空舰导弹，并明确提出导弹武器系统由八机总局负责抓总，飞机挂导弹后的全武器系统由三机部负责抓总。该导弹的载机为强五鱼雷机，并要求导弹做到一弹多用，同时能在轰七飞机和舰（潜）艇上使用。从此，鹰击八号导弹的研制工作全面展开，进入快车道。

2. 登攀攻关 胜利前行

“8511”会议后，三院的工作开始紧锣密鼓地进行，包括确定总装厂，扩建厂房，添置、调整设备，确定分系统研制单位，明确计划进度和大型试验项目等。第三设计部与总装厂239厂大力协同、密切合作，三部经常有10余名科研设计人员下厂、驻厂，解释图纸，协同攻关，切磋解决生产中的技术问题。梁守槃和吕琳副院长率院科技部等机关的有关人员平均每月去一次总装厂，参加总装厂的指挥调度会，听取生产情况的汇报，协调、处理和解决重大关键问题。

正值三院上下紧张而有序地开展鹰击八号导弹研制工作之时，“四人帮”在全国掀起了批邓、反击右倾翻案风，科研生产秩序再次遭到干扰和破坏。1976年，虽然长喷管固体发动机的研制取得了成功，但因国家财政困难，“鹰击八号”研制暂停，粉碎“四人帮”后的1977年才得以恢复研制。

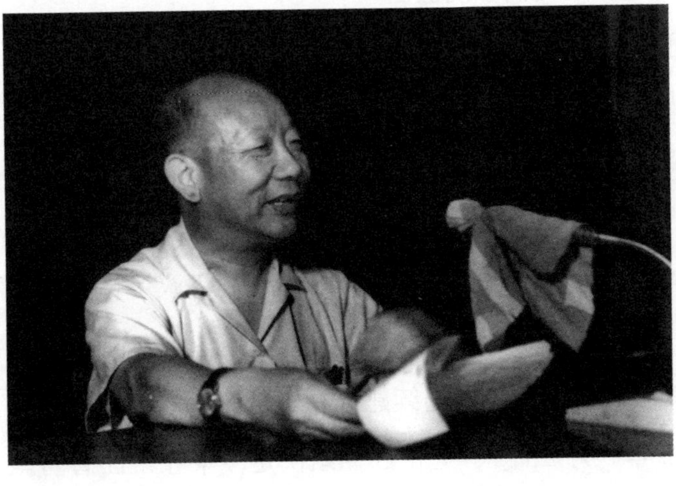

1977年8月9日，梁守槃出席有关人员立功授奖大会时讲话

麻雀虽小，五脏俱全。鹰击八号导弹由于要求体积小、重量轻，因此，各分系统及其仪器设备都必须小型化，加上当时中国电子元器件的技术水平有限，更增加了研制难度。梁守槃和研制团队只能在荆棘丛生、险关隘口比比皆是的登攀之路上苦苦求索，艰难前行。

“动力先行”是导弹研制的规律。在短喷管固体发动机与长喷管固体发动机的论证与选定中，梁守槃身先士卒，同设计人员一起分析、论证、计算，丝毫没有“大家”的架子。特别是当最后确定的方案与自己的意见相悖时，他能坦然地接受，并鼎力相助。这种高风亮节和以大局、以事业为重的胸怀，更是受到了各级领导和同事们的称道。

1978 年 12 月 29 日，“鹰击八号”在海军发射试验基地进行首次模型弹飞行试验，获得成功。1979 年 1 月 8 日，又进行了第二次模型弹飞行试验，再获成功，对导弹气动外形、导弹结构及动力系统进行了考验。尔后，进行了一系列的陆上和舰艇上的飞行试验。1979 年、1980 年在陆上进行了 7 发自控弹的飞行试验，成功率为 57.14%，部分成功占 28.57%，失败 1 发，占 14.29%。1981 年 5 月 9 日至 12 月 24 日，“鹰击八号”进行了 5 发自导弹的陆上飞行试验，2 发成功，3 发失败，导弹研制道路上充满了阴霾。

在前后将近五年的时间里，由于技术上的明堡暗碉，“鹰击八号”研制中尚存在一些还没认识到的或认识不到位的技术问题，加上“文革”刚刚结束，科研生产秩序和科研生产管理的规章制度还不够稳定、健全，技术状态管理和质量控制还存在一些薄弱环节，研制工作磕磕绊绊、坎坎坷坷。这就使梁守槃和研制团队要付出更多的艰辛和汗水，查找和分析故障原因，制订改进措施，研制工作举步维艰。

20 世纪 70 年代末、80 年代初，七机部陆续建立和健全各型号的技术指挥系统和行政指挥系统。1982 年 3 月 20 日，七机部党组决定“梁守槃任海防型号导弹武器系统总设计师，刘从军、鲍克明、路史光、吴宝初任副总设计师。同时任命了各型号的总设计师和副总设计师，其中，鲍克明任“鹰击八号”总设计师，王祖全、王树声、袁英见任副总设计师。1983 年 3 月 19 日，航天部党组决定：姚绍福、易生任海防型号导弹武器系统副总设计师，同时任命姚绍福为“鹰击八号”总设计师。梁守槃、鲍克明、姚绍福等带领研制团队努力奋进，加快了研制速度。

1982 年，“鹰击八号”开始进行舰艇上的飞行试验。1983 年 7 月 20 日，24 快艇装载鹰击八号导弹在海军发射试验基地进行飞行试验，共发射 4 发导弹，3 发直接命中靶标，1 发失败，此次试验于 8 月 16 日结束。1984 年，进行了定型飞行试验，发射 3 发导弹，只有 1 发命中，另 2 发导弹都失控入海，对于助推段稳定系统，其中 1 发是将风动陀螺舵装在助推器稳定翼上，另 1 发是用电池动力的稳定舵。梁守槃参加了故障分析会，他反复强调：“凡是经过飞行试验考验，证明是成熟的技术和产品，没有充分的理由和经过论证、试验而获得批准的，是不能更改的。”他还指出：“出了问题，应当查明设计图纸有无改动，产品与图纸是否一致。”

1985 年，梁守槃在航天工作会议上讲话

1985年3月29日，33G潜艇装载鹰击八号导弹首次在大连进行飞行试验，发射3发导弹，1发提前入水，1发直接击中靶标，1发失败。试验于5月6日结束。经查，是由于取消了驾驶仪系统减震垫而造成的。1985年9月1日至28日，24快艇装载鹰击八号导弹在海军发射试验基地进行设计定型飞行试验，打远、中、近射程，包括一次双发齐射和1发战斗弹，取得了6发6中的好成绩，圆满地完成了设计定型飞行试验。尔后，又陆续完成了装载于其他发射平台的鹰击八号系列导弹的研制和设计定型工作。1988年7月，梁守槃作为项目主要完成人之一的鹰击八号反舰导弹，荣获国家科学技术进步奖特等奖。

3.“鹰击八号”形成系列

鹰击八号反舰导弹定型、装备部队后，海军对这一导弹给予了高度评价，认为其有如下特点：小型化，一弹多用，可满足多种装载对象的要求；高亚声速低空飞行，突防能力较强；命中概率比较高；战斗部虽小，但毁伤效果好；采用固体火箭发动机，使用维护方便，安全可靠，使技术阵地保障设备大为简化。总之，鹰击八号反舰导弹总体方案是成功的，战术技术指标是较为先进的。

正是按照一弹多用的指导思想，总参谋部、国

1980年，梁守槃参加航展时接受采访

防工办、海军、八机总局（1979年9月13日，第五届全国人大第11次常委会决定八机总局更名为第八机械工业部）等陆续下达和部署“鹰击八号”装载多种发射平台的研制任务。1978年1月18日，总参谋部、国防工办批准改装一艘33G潜艇，用于鹰击八号反舰导弹水面发射试验研究。8月7日，八机总局、三机部、海军联合召开了“鹰击八号”挂强五鱼雷机导弹武器系统方案审定、产品定点和技术协调会议，讨论并确定了“鹰击八号”的战术技术指标、研制程序、大型地面试验项目、配套定点、研制分工、研制进度以及各分系统的技术方案。1978年9月25日，六机部、海军、上海市、八机总局在北京联合召开了053火炮护卫舰设计方案协调会，确定该舰选装鹰击八号导弹武器系统，由三院负责技术抓总。1980年10月19日，鹰击八号自控弹用33G潜艇筒式发射装置和24快艇箱式发射装置在大连完成陆上发射试验，均获得成功。1981年8月12日，海军召开岸用鹰击八号导弹武器系统战术技术指标座谈会，会后，海军编制了岸用鹰击八号导弹武器系统研制任务书，上报总参谋部。8月16日，总参谋部、国防工办决定将“鹰击八号”装在24快艇上，作为该艇的导弹武器装备。1982年7月3日，总参谋部批准，用“鹰击八号”取代053H2导弹护卫舰上的上游一号舰舰导弹。1983年3月19日，航天部召开“鹰击八号”装载于053H2导弹护卫舰上的方案审定会议，国防科工委、海军、中国船舶工业总公司等单位参加了会议，审定了导弹武器系统方案，签订了有关技术协议。4月16日，航天部召开了053H2导弹护卫舰装载“鹰击八号”的导弹武器系统和导弹指挥仪方案的审定会议，国防科工委、总参装备部、海军、中国船舶工业总公司、电子工业部等单位参加会议，审定并通过了导弹武器系统和导弹指挥仪系统的设计方案。4月21日，航天部召开了轰七飞机装载鹰击八号导弹武器系统方案审定会，国防科工委、航空部、海军等单位参加会议，审定了导弹武器系统方案。8月12日，航天部、海军批准了053H2舰载鹰击八号导弹武器系统的研制任务书。1984年5月17日，国防科工委批准《053-1导弹护卫舰战术技术任务书》，确定红旗六十一号舰空导弹和鹰击八号舰舰导弹为053-1舰的主要导弹武器装备。7月31日，轰七飞机挂载鹰击八号导弹武器系统设计师系统召开了试验机改装方案审定会，确定了总体方案、导弹火控系统的地面联试任务书及空中试验要求。1986年1月11日，总参谋部、国防科工委决定：将装备052驱逐舰、022快艇、031导弹护卫舰的“鹰击八号”改进型导弹命名为“鹰击八号甲”，将装载于轰七飞机（即后来的歼轰七飞

1993年，梁守槃在成都歼七试验场

反舰导弹齐射

机）上的导弹名称改为“鹰击八号丁”。

至此，鹰击八号系列导弹已有装载于飞机、舰艇、潜艇等5种型号，这些型号的导弹都进行了批量生产，并装备部队，成为中国海军的主战武器，使海军实力，乃至整个国防实力，都有了突破性的提升，为保卫国家安全和维护世界和平，作出了突出贡献。

鹰击八号系列导弹曾于1984年、1999年、2009年分别作为海军导弹方队中的一个方队，参加了中华人民共和国成立35周年、50周年、60周年在天安门广场的大阅兵。特别是1984年10月1日，当“鹰击八号”首次亮相时，应邀在天安门城楼上、观礼台上参观阅兵仪式的外国驻华大使、武官及使馆工作人员，都异口同声地惊呼“飞鱼！飞鱼！”这使“鹰击八号”又有了一个别名“中国飞鱼”。飞鱼导弹本来是法国AM-39型反舰导弹的称谓，外国人如此敏感地将中国的鹰击八号飞航式导弹称为中国飞鱼，并在国际上引起轩然大波，不仅仅是因为“鹰击八号”外形与法国飞鱼外形极其相似（“鹰击八号”比法国飞鱼多了两个小弹翼），更是因为1982年发生的英阿马岛之战中，法国飞鱼导弹的赫赫战功。英阿马岛之战只打了74天，却被军事专家称之为20世纪第一场现代化战争。在这场战争中，当时最为先进的飞机、军舰和导弹等，都纷纷登场。

马岛离阿根廷本土仅276海里（1海里≈1.85千米），但距英国本土却有7000海里之遥，对英国来说可以称得上是劳师远征。英国人组成以竞技神号航母为首的庞大特混舰队，认为志在必得，杀气腾腾地扑向马岛附近海域。令人没有想到的是，双方刚一交手，强大的英国海军就遭到重创，其主力战舰谢菲尔德号驱逐舰遭到阿军发射的法国飞鱼导弹的打击。谢菲尔德号驱逐舰被英军称为“光荣谢菲”，它是英国皇家海军中首批实现动力和武器系统集中控制的现代化主力战舰，号称英国舰队的骄傲。

但是，这艘装有现代化防御系统的主力战舰，其警戒雷达并没有发现距离海面只有 3 米、掠海高速袭来的导弹。当导弹离舰艇只有 5 千米时才被发现，舰长只来得及大喊一声“隐蔽”，导弹就击穿了舰舷，数秒钟后弹头在舰体内轰然爆炸，燃起熊熊大火。6 天后，这艘造价高达 1.5 亿美元的谢菲尔德号驱逐舰在拖回英国的途中沉没在南大西洋海底。在马岛之战中，阿根廷使用法国飞鱼导弹首创单发反舰导弹击沉大中型水面舰艇的纪录，让世界为之震惊。这也是在天安门城楼和观礼台上参观的外国人对中国的外形与之有几分相似的鹰击八号导弹备感兴趣的原因所在。

中国飞鱼在世界舆论界哗然，“中国的导弹虽比法国飞鱼多了两个小弹翼，但基本上仍是飞鱼。”“中国是不是从法国引进了飞鱼？”外国的报刊、媒体议论纷纷，猜测不断。据悉，法国军方相关部门还花了一番气力，追查飞鱼导弹有无泄密问题，所得出的结论是：“中国的飞鱼与法国的飞鱼毫无关系，那是中国人自己的独创。”

后来，中国飞鱼和法国飞鱼还真有一场比拼。那是在东南亚的一次航展上，中国飞鱼与法国飞鱼进行了一次竞卖导弹的较量，中国卖 C801 导弹（即“鹰击八号”），法国卖飞鱼导弹。当时买主说：“你们两个方面卖主都说了很多，价格也大体相当，但我们还不知道你们谁的导弹好，那只能通过试验来判断，按照你们所讲的作战距离，在 40 千米处设置一个靶标，谁能打中靶标，就购买谁的导弹。”法国人退缩了，中国人说：“同意打！”结果直接命中靶标。

其实，导弹的最大飞行距离与最大作战距离（有效射程）是两个不同的概念，在最大作战距离以外，导弹还可以靠惯性继续飞，但在那一段惯性飞行时速度越来越慢，而且打着目标也没有威力了。法国人之所以退缩，可能因为其有效射程达不到 40 千米。国内外同行专家都称赞“鹰击八号”在几项关键性能指标上优于法国飞鱼导弹。

1992年，梁守槃参观英国航展

欧盟不准卖给中国武器，中国人依靠自己的力量，独立自主地研制出了这种飞鱼导弹，曾在法国巴黎、英国伦敦、东南亚等地的航展上展出了“鹰击八号”及其后续的系列导弹，展示了中国在高新技术领域所取得的成就，在国际上引起了强烈反响。这一系列导弹不仅装备了中国海军部队，还实现了出口换汇，为后续发展积累了资金，使中国海防导弹的发展实现了良性循环，“鹰击八号”功绩卓著。

1983年以后，梁守槃不再担任航天部三院副院长，但他仍在航天部科技委副主任兼三院科技委主任和海防系列型号导弹武器系统总设计师的任上尽职尽责，特别是在一些关键技术的解决和故障分析中，他都当仁不让，冥思苦想、绞尽脑汁，他总是通过严密的逻辑推理、翔实的分析计算，对照熟记于心的以往型号的有关实例，发表中肯而有见地的意见。他从不因为自己是领导，怕说错了丢面子；也从不会碍于面子，或怕得罪人而回避问题的实质。在他的人生中没有圆滑和城府，他的理念是，在科学和真理面前人人平等，真理通过讨论、辩论，才能越辩越明。他从不以领导和老专家自居，而是视自己为一名设计员，

1982年，梁守槃（右）在英国参观考察

20世纪90年代，梁守槃在伦敦

和大家一起分析、研究、讨论问题。久而久之，科技人员对这位倔强的老人越来越了解了，甚至愿意听他逻辑严谨、似乎“尖刻”的论述，越来越愿意同他讨论、争论和辩论，因为每次都会有新的收获和启迪。

1983 年以后，由“鹰击八号”衍生出的几个型号研制工作相继展开，时任三院副院长、院长的姚绍福（1997 年当选为中国工程院院士）先后担任这些型号的总设计师。1984 年，空舰导弹武器系统定型飞行试验失利，作为该型号总设计师的姚绍福主持了故障分析与查找工作，针对引信一级保险在公路运输中失效的故障，采用了轴连接技术，使问题得以彻底解决；针对助推器分离时对二级干扰的问题，将助推器保险机构由串联式改为并联式；等等。在这些故障分析查找和制订改进措施的工作中，梁守槃都是鼎力相助，提出参谋和咨询的意见与建议。

1986 年，三院领导针对“鹰击八号”射程较小的问题，研究决定：自筹资金研制新型反舰导弹（定名为“C802”）。姚绍福任技术总负责人，领导和主持了该型导弹的研制工作，并组织领导了该岸舰导弹武器系统配套设备的设计与研制工作。该型导弹在原型的基础上，换装小型涡喷发动机，使射程达到了原型的 3 倍。该导弹武器系统采用频率捷变、边搜索边跟踪的雷达体制、无线电数传通信系统与微机型指挥仪等多项先进技术，同时还解决了由于加装涡喷发动机而带来的气动不对称问题；重调全弹控制系统参数；串联助推器在分离前，涡喷发动机点火的安全排气等多项技术关键。仅用一年半时间就研制成功，以 3 发导弹全部命中目标的优异成绩完成了鉴定性飞行试验。这一导弹武器系统的研制成功，将中国飞航式反舰导弹提高到了 20 世纪 80 年代中期的国际水平。该导弹的战术技术性能与美国的捕鲸叉导弹旗鼓相当。

1988 年，在由姚绍福担任总设计师的某潜艇水面发射的潜舰导弹的研制中，为增加潜艇装载导弹的数量，决定将原型导弹的弹翼和稳定尾翼改为折叠式，并决定采用自动化测试技术。这一型导弹在鉴定性飞行试验中出现了失利，研制团队在姚绍福的主持与组织下，进行了飞行试验的故障分析和模拟试验验证。经过反复研究、讨论和试验验证，采取了改善导弹发射与飞行时的振动冲击环境、提高弹上设备抗振能力等有针对性的措施，还采取了加强设计、研制、生产、试验全过程质量管理与控制的综合治理性措施。最后该型导弹在鉴定性飞行试验中取得了 3 发导弹都直接命中目标的优异成绩。该型导弹在中国反舰导弹家族中首次成功地采用了折叠技术，并被海军列为水面舰艇通用主战武器装备。

1988年，姚绍福还作为总设计师主持了某空舰导弹武器系统的研制工作，这是国家重点型号的研制任务，研制进度紧张，关键技术多而难度大，姚绍福带领科技人员团结奋斗、刻苦攻关，相继攻克了从飞机上弹射投放导弹的技术、解决了机弹气动干扰问题、掌握了导弹下滑转平飞的技术、提高了导弹的可靠性以适应机载发射环境等。该型导弹最后以5发全中的好成绩，圆满完成了设计定型飞行试验。

早已将自己融于海防导弹事业的梁守槃，虽已到科技委任职，且年事已高，可他将自己视为一个海防导弹的从业者，有求必应，参加了这些型号有关的研制工作，以其扎实的理论功底、超强的记忆力、丰富的实践经验，当参谋、做顾问，旨在研制出中国新的高水平的海防导弹，强我海军，强我中华。用自己的实际行动实现了活到老、学到老、干到老的夙愿。

梁守槃（左）与姚绍福（右）在北京军事博物馆武器展览上

梁守槃

梁守槃院士传记

Academician Liang Shoupan's Biography

第九章

百折不挠　低空超声

梁守槃为“鹰击一号”和“海鹰三号”低空超声速反舰导弹的研制，付出了艰辛的劳动、心血和聪明才智。这两型导弹在经历一次次风波、一次次打击后，终获成功，梁守槃功不可没。

早在1965年，七机部三院改组为海防导弹型号研究设计院时，担任分管技术工作副院长的梁守槃，就根据党和国家赋予三院的使命和责任，提出了两型超声速低空飞行反舰导弹的建议：射程远的以单面封锁渤海湾为基本指标；射程近的作为空舰导弹，其射程与“上游一号”的最大射程相当。这两型导弹的飞行速度都是2倍声速。

自此，在他从事海防导弹事业多年的生涯中，就与射程近的“鹰击一号”和射程远的“海鹰三号”两型低空超声速反舰导弹结下了不解之缘。

由于冲压发动机及以其为主发动机的导弹技术难度大，美、苏等世界上导弹技术比较发达的国家还没有研制出成品，已立项的也纷纷下马。因此，对中国要不要研制，能不能研制成功冲压发动机和低空超声速导弹，一直存在着不同的见解，且时不时地发生争论。此时正值“文革”动乱时期，冲压发动机和以此为主发动机的低空超声速反舰导弹在上上下下、起起落落、坎坎坷坷中，举步维艰地前行。

梁守槃身为海防导弹的领军人物，具有不达目的誓不罢休、死不瞑目之气概，他坚定不移、矢志不渝，认定了冲压发动机和低空超声速导弹，就要勇往直前，去战胜艰难险阻，披荆斩棘，定能突破险关隘口，攻克明堡暗碉。功夫不负有心人。“鹰击一号”和“海鹰三号”两型反舰导弹终于研制成功。“鹰击一号”在巴黎国际航空航天展览会上被世人誉为“最令人惊讶的低空超声速反舰导弹”。

1. 众说纷纭 研制冲压

中国冲压发动机的研究工作，起于苏联专家科索夫的建议，任务由空气动力研究所承担。1960 年，空气动力研究所与国防部五院二分院签订协议，共同研究以冲压发动机为主要动力的防空导弹。1961 年，这一以冲压发动机为主要动力的，被称为“老红旗一号”的防空导弹，因多项重大技术关键迟迟未能突破，又逢国家经济方针转变而停止研制，二分院通知空气动力研究所，取消原签订的协议。1961 年 9 月，成立国防部五院三分院，冲压发动机的研究工作归属三分院，已无型号对象的冲压发动机研究工作该何去何从？当时引起了争论，又时值大跃进后很多项目下马的大环境，所以，冲压发动机应该下马的意见颇占上风。时任三分院副院长的梁守槃却坚定地认为，既然上级领导已决定成立冲压发动机设计部，这一套发动机是大有应用前景的，研究工作不应停止。没有型号对象，可以做预先研究项目，继续安排；同时也应该寻求这一类发动机的背景型号。梁守槃的意见得到了三分院党委的认同和批准，同时也得到了钱学森的支持，使冲压发动机的研究工作得以继续进行。

西方各国对使用冲压发动机有各种不同的看法，加上冲压发动机本身的技术难度大，在美国的黄铜骑士、波马克、小猎犬防空导弹相继定型后，冲压发动机技术发展缓慢。苏联由于严格保密，外界对其冲压发动机研制情况知之甚少。这样，在国防部五院内，有人主张冲压发动机的工作，应在完成地面试验后，作为预研项目，将技术资料归档，以备将来之用，后续工作暂停。但梁守槃据理力争，认为有了自主的科研成果不用，是违反周总理“迎头赶上”的指示的。新武器的研制与发展，依据的是理论分析和试验结果，而不应该根据“外国人怎么样”来判断。

1963年，我国国民经济的形势开始好转，国防部五院及所属各单位，都在研究和规划各自的发展工作。1963年4月2日至5月16日，国防部五院科学技术委员会召开年会，讨论地地、地空、海防导弹的技术途径和发展规划。会议期间，有些人对冲压发动机用于地空导弹提出了质疑，理由是：地空导弹弹道变化复杂，供油系统难以调节，而且由于喷油和气流的相对方向不稳定，容易熄火，这些都是需要解决的难题。钱学森建议：可考虑将冲压发动机先用于反舰导弹，因为反舰导弹工作环境较单纯，速度变化范围比较小。与会人员一致同意钱学森的这一建议。

1965年，当三院提出两型采用冲压发动机低空超声速飞行的反舰导弹预研立项后，有人对这一设想的可实现性提出疑问，并直接向七机部部长王秉璋提交了报告，其主要理由是：超声速飞机，虽在高空可以达到两倍声速或更高的飞行速度，但其降到低空时，平飞不过是Ma=1.07 ~ 1.10。三院提出的低空超声速（Ma=2）导弹，显然是不现实的。王秉璋指示部办公厅将这一意见抄写一份送梁守槃，并要求对此作出解释（抄写一份是为了不公开写信人的笔迹）。梁守槃接到七机部办公厅转来的这一意见后，进行了认真的分析研究，就这一疑问做了有理有据、翔实的论述：高空超声速飞机之所以不能在低空保持高的超声速度，是因为飞机在进入高空和在高空飞行时，需要足够的升力，所以机翼面积必须足够大；而到了低空，大面积的机翼必然产生大的阻力，飞机的飞行速度因此降低。而反舰导弹只在低空飞行，不需要大的弹翼，两倍声速是可以实现的。冲压发动机必须在超声速下才能获得较高的进口压力，充分发挥其优点。如果速度低了，冲压发动机的推进效果就不如涡喷发动机了。至于飞行速度仅限于 $Ma=2$，而不是更大，则是因为铝合金材料在低空更高速飞行时将变软，会影响弹体的刚度和强度。梁守槃的这份回复报告报送给了钱学森副部长，钱学森做了批示：“同意梁守槃的意见。”就这样，低空超声速反舰导弹的基本方案才得以确定。

冲压发动机及以其为主发动机的低空超声速反舰导弹，一直在一波未平、一波又起，反对声不绝于耳，跌跌撞撞地艰难前行，有人说：“冲压发动机根本不能用。”“这是梁守槃为给冲压发动机找出路而提出的导弹型号，作战时根本用不着。”也有人在背后说：“这一类型号，美国和苏联都没有，其中必有难以克服的困难。三院要干这类型号，是癞蛤蟆想吃天鹅肉！好高骛远。”

1966 年，“文革”的狂飙席卷全国，冲压发动机及低空超声速反舰导弹竟然被“造反有理”者给无理地停了下来。直至 1967 年 3 月，国务院、中央军委决定对国防工办和国防工业各部实行军事管制。5 月 17 日，三院军管会主任杨国宇带领军管人员进驻三院，这一反舰导弹型号才又被列入工作日程。

一次次的风波、一次次的打击，梁守槃心中不免也泛起涟漪：坚持研制下去，一旦不成功，必然是前功尽弃、贻笑大方；如果放弃这个项目，自己当然可以保全名誉、地位，但这是事不关己、高高挂起，国家和军队所需要的这一导弹与技术，就将付之东流。开弓没有回头箭，梁守槃就是梁守槃，明哲保身不属于他，知难而退更与他无缘，几十年来，他在这一技术领域一直是默默地求索，苦苦地追求，不达目的誓不罢休。

在“文革”动乱和工作条件极其困难的情况下，梁守槃带领低空超声速反舰导弹的研制团队，顶着各种压力，排除各种干扰，潜心致力地分析、研究、计算和论证低空超声速反舰导弹的总体技术方案。

拨云见日，这两型导弹的总体设计方案终获批准。1970 年 3 月 14 日，中央军委批准鹰击一号空舰导弹武器系统总体设计方案，同意列入国家计划，开展研制工作。4 月 13 日，中央军委通知，周恩来总理批准海鹰三号岸舰导弹武器系统总体设计方案。

2.“鹰击一号”世人惊讶

鹰击一号导弹的巡航速度为 2 倍声速，最大射程 50 千米，主动力装置为冲压发动机，具有超低空飞行、突防能力强、弹小威力大、安全方便等特点。1989 年在第 38 届巴黎国际航空航天展览会上，中国独立自主研制成功的鹰击一号低空超声速反舰导弹参加了展出，被誉为“最令人惊讶的低空超声速反舰导弹”。

1970 年 9 月，“鹰击一号”完成了静力试验弹的试制。原确定水轰五飞机挂载“鹰击一号”，后因水轰五飞机停止研制，1971 年，三院申请“鹰击一号”装载快艇，以两个“海鹰三号”的助推器作为发射动力（“海鹰三号”用四个助推器作为发射动力）。

1972 年，试制成功鹰击一号助推弹和遥测弹。

低空超声速反舰导弹的研制真是好事多磨。“鹰击一号”和“海鹰三号”基本上是并行研制的，此时正值“海鹰三号”连续发射失败，一些人对冲压发动机及低空超声速飞行信心动摇，梁守槃仍毫不动摇地领导和组织“鹰击一号”和“海鹰三号”的研制工作，科学地进行故障分析和各分系统的地面试验与飞机带飞工作。但在周围的大环境下，包括“文革”动乱的干扰和一些人产生动摇与怀疑情绪，真是举步维艰。海军装备部曾在一次会议上提出，要撤销“鹰击一号”和“海鹰三号”这两个型号的研制任务。梁守槃获悉后，心急如焚，旋即组织有关人员提出报告，经三院报告给海军首长，报告中言明海鹰三号助推弹的失败是高压气瓶和电爆活门设计不当所致，海军和七机部联合上报的报告是正确的，没有错误，并重申低空超声速导弹符合未来的发展方向，应予坚持。后经海军首长批示，这两型导弹得以继续进行研制。

“鹰击一号”弹体比较小，弹上各分系统的仪器设备安装很困难，而且安装后的调试工作几乎无法进行。梁守槃带领有关设计人员，吸取“海鹰三号”高压气瓶出现问题的教训，去掉了原有的高压气瓶系统。此外，按照梁守槃的提议，借鉴东风一号液体弹道导弹的成熟技术，即采用自生增压方案，以解决弹舱内过于拥挤的问题。1977 年 7 月 4 日，“鹰击一号”第一发助推弹在海军发射试验基地进行了第一次飞行试验；7 月 8 日，又进行了第二发飞行试验，均获基本成功。试验结果表明，舵机系统工作正常，没有发生类似于“海鹰三号”助推弹弹体解体的现象。但通过“鹰击一号”助推弹飞行试验发现，在助推器分离后，弹体出现较大的俯仰振动（±20°），冲压发动机未能点火。有些科技人员认为这是助推器脱落时，外力引起的振动所致。经过认真分析和思考后，梁守槃认为外力干扰引起的振动，其振幅应当是逐步衰减，而遥测数据显示的是等幅振荡若干次后突然消失，必另有原因。

鹰击一号助推弹飞行试验的基本成功，增强了研制团队的信心，八机总局为此发来了贺信。这也使“海鹰三号”研制工作得以继续开展。但登攀绝无坦途，只能在崎岖蜿蜒之路上披荆斩棘、苦苦求索。1978年1月，“海鹰三号”在取消高压气瓶、采用自生增压、修改设计后，又进行了助推弹的飞行试验，在助推器脱落后，弹体出现了滚动振荡，其幅度每周迅速加大，是明显的谐振现象。弹体在剧烈滚动3周左右解体。

针对这两型导弹飞行试验中出现的振动现象，梁守槃根据遥测数据，进行了分析计算，发现这些振动现象都是自动驾驶仪系统有关回路的传动比过大所致。他建议应以遥测数据为依据，适当地降低自动驾驶仪系统有关回路的传动比。在讨论中，他为此又做了详细的解释：根据风洞吹风数据确定的自动驾驶仪系统有关回路传动比，可能由于风洞吹风数据的误差比较大，一般不小于10%，甚至更大，而遥测数据是实际飞行的数据，误差不超过1%。根据遥测数据修正传动比是必要的。他还向设计人员推荐：计算方法来自国际自动学会的论文集，大家可以查阅、研究。正是由于他的坚持和有理有据的分析，对自动驾驶仪系统进行了调整。改进后，两型导弹在助推器脱落后不再出现振动现象，冲压发动机成功点火。

在解决了助推器脱落后弹体出现振动和保证冲压发动机成功点火的难题后，新的问题又冒出来了，即冲压发动机点火后，发动机推力不够，飞行速度逐步降低，自控弹未能达到等速平飞的目的。为了解决这个推阻匹配的难题，必须计算推力与阻力的关系。他经过分析、研究和反复计算，发现用光测弹道航迹数据，经二次数字微分所得到的加速度，是一组大量跳动的数值，必然放大原始数据的误差值，无法使用。他提出应用遥测的过载值（负值加速度）的二次积分，计算在导弹减速过程中飞行速度与推阻力差值的关系。根据积分的结果，决定“鹰击一号”和“海鹰三号”所需冲压发动机的尺寸等参数，由发动机研究所设计两个新的冲压发动机。

与此同时，梁守槃还就冲压发动机供油系统的有关问题，提出了自己的意见与建议。他指出：对冲压发动机供油系统的要求，以前苏联专家曾介绍过，应当由导弹飞行过程中的高度及飞行速度（马赫数），计算冲压发动机的空气流量，从而决定供油量的上下限，再进行供油泵及调节系统的设计。这些是完全必要的。但导弹在实际飞行中，大气的温度和压力并非固定值，所需燃料也就不可能固定。他主持进行了讨论，决定：在设计中以大气静压和冲压发动机进气道中的冲压压力作为主导参数，构成反馈系统，以保证导弹飞行中进气压力不变（即马赫数不变）。飞行试验结果证明，这一办法行之有效，导弹在飞行中，速度保持不变，不受气候变化的影响。梁守槃等还就防空导弹应用冲压发动机的有关问题提出了解决的办法，在防空导弹设计中，应用这一反馈系统可以保证冲压发动机的推力随高度而变化，使导弹得到合适的推力而不受过大的过载。而在高空时由于飞行马赫数过大而导致气动加温过高，可增加一个由温度控制的限流阀，予以解决。

“鹰击一号”的研制工作正全面展开，1982 年 3 月 20 日，七机部党组决定，鲍克明任“鹰击一号”总设计师，姚绍福、王妙诵、袁英见任副总设计师。

1985年，梁守槃（中）与丁衡高（右）、鲍克明（左）在一起

1983年3月19日，航天部党组决定，沈世绵任“鹰击一号”总设计师。梁守槃和鲍克明、沈世绵等，共同领导了这一导弹武器系统关键技术的攻关，领导和参加了自控弹、自导弹等的飞行试验，于1992年完成了装载24快艇的导弹定型飞行试验。鹰击一号导弹武器系统研制终获成功。

在此期间，梁守槃和研制团队就“鹰击一号”的推阻力平衡问题和末制导方式等技术难题，进行了攻关，并进行了飞行试验的检验。1983年6月24日起，在海军发射试验基地进行了3发鹰击一号自控弹的飞行试验，其中1发冲压发动机成功点火，飞行了80.4秒，另2发因高度表工作不正常而失败。1984年，“鹰击一号”和“海鹰三号”经过改进的冲压发动机已试制完成，分别装弹进行飞行试验。“鹰击一号”第一发转入平飞，飞行速度保持在2倍声速，但雷达未捕捉到目标，导弹飞了94秒；第二发雷达捕捉到目标，但导弹在俯冲段提前入水。

这次飞行试验证明，推阻力已达到平衡，但导弹上各分系统及其设备的质量与可靠性问题有待改进和提高。1985 年，经过全面改进和提高质量与可靠性，“鹰击一号”又进行了靶试，取得了 4 发 4 中的优异成绩。

鹰击一号导弹雷达采用的是 2 厘米单脉冲体制，原来是应用双平面末制导方式，即对飞行高度和方向均予以控制。1983 年进行的飞行试验中，其中有 2 发雷达工作不正常：2 厘米末制导雷达的回调角不易调准，存在盲区，精度也比较差；高度表时有故障。后经过近两年的攻关，提高了末制导雷达耐振性能，虽有改善，但效果并不明显。梁守槃带领设计师系统的有关科技人员进行了反复的研究、讨论，大家取得了一致意见：低空超声速反舰导弹采用双平面制导，调整比较困难，导弹容易脱靶。采用单平面制导比较合适，而且，只有进一步降低导弹飞行高度才能充分体现平面制导的优势。在讨论中，也有人担心超低空飞行时导弹会受到海面气动力反射的不良影响。在梁守槃的指导与坚持下，将导弹平飞高度从 300 米降至 50 米，末段飞行高度只有 5 米至 7 米，真正实现了单平面制导的超低空攻击。1987 年，按新确定的方案进行了“鹰击一号”4 发自导弹的飞行试验，其中 2 发导弹直接命中目标。飞行试验证明，不必担心超低空飞行中导弹会受海面气动力反射的影响。

鹰击一号自导弹飞行试验成功后，从 1989 年开始进行装载 24 艇的鹰击一号导弹武器系统的研制，1992 年进行了“鹰击一号”装载 24 艇鉴定性飞行试验，取得了 3 发 2 中的好成绩。至此，这个从研制立项到完成 24 艇鉴定性飞行试验，经历了 20 多年艰苦曲折的奋斗历程，终获成功。值得庆幸的是，这一美国等西方国家研制多年而没有成功的导弹，在 1989 年第 38 届巴黎国际航空航天展览会上一经展出，就以其具有低空飞行、超声速、突防能力强、体积小、重量轻、弹头杀伤威力大、成本低、装载对象广等特点，受到国外媒体的纷纷报道，而引起轰动。“鹰击一号”战术技术性能指标，截至 2009 年，庆祝中华人民共和

1996年12月，梁守槃（前排右四）等在海南留影

国60华诞时，仍居世界先进水平。这是梁守槃为之欣慰而自豪之所在。

3.“海鹰三号”历尽坎坷

“海鹰三号”是大射程、低空飞行、超声速的岸舰导弹，基本上是与小射程、低空飞行、超声速反舰导弹“鹰击一号”并行研制的。在1970年3月14日，中央军委批准“鹰击一号”研制立项后，4月13日，中央军委通知，周恩来总理批准海鹰三号岸舰导弹武器系统总体设计方案，“海鹰三号”开始进入工程研制阶段。然而，由于“海鹰三号”研制中的一些关键技术难以解决，特别是其冲压发动机的技术难度大，再加上“文革”的干扰，科研生产秩序遭到了严重破坏，研制中的挫折、失利接二连三，因此，更增加了“海鹰三号”研制工作的跌宕起伏。

1971年1月25日，“海鹰三号”首发助推遥测弹在海军发射试验基地进行了首次飞行试验，导弹飞行4.95秒后，进入超声速飞行，导弹发生滚动振动，同时出现自动驾驶仪系统工作不正常现象，导弹在空中爆炸解体。由于第一发海鹰三号助推弹的飞行试验未达到考验助推弹方案的目的，又继续试制2发助推弹，当时正值“文革”动乱的高潮期，科研生产秩序极不正常。这2发助推弹

运到发射试验基地后，第一发在发射后立即落地摔坏，助推器的药柱在壳体破裂后继续在地面燃烧；第二发在高压气瓶充气并完成各项测试后，导弹在技术阵地，高压气瓶突然爆炸，幸好大部分参试人员已撤离现场，只有三名发射试验基地的工作人员受轻伤。面对这 3 发助推弹的故障，梁守槃顶着压力，毫不气馁地同参研、参试人员一起搜寻残骸，察看现场，分析故障发生的原因。后经综合分析，他苦口婆心地做有关人员的工作，最后取消了高压气瓶系统，还连带取消了电爆活门，采用“东风一号”成熟的科技成果，以飞行中所获得的具有冲压压力的空气为气源，引入舵机控制管路，以此作为冲压发动机的高压空气来源。后来经过“鹰击一号”和“海鹰三号”飞行试验的检验，证明这一自生增压方案是可靠且可行的。

在此期间，梁守槃一直坚定地认为：无论是“鹰击一号”还是“海鹰三号”，也无论是什么导弹，都必须首先突破发动机这一关键技术。因此，他同他的同事与高徒，如：王树声、于守志、鲍克明、刘兴洲等科技专家，专心致志地钻研冲压发动机技术，攻克其中的技术关键。特别是刘兴洲，1957 年被分配到国防部五院空气动力研究所，开始从事冲压发动机研究工作，他所见到的第一位领导和科技专家就是梁守槃，梁守槃交代给刘兴洲的一项任务是：设计和研制冲压发动机试验的一个设备，从此，刘兴洲开始了他一生为之奋斗的冲压发动机事业。刘兴洲先后承担“海鹰三号”CF-06 冲压发动机研制工作，参加并主持了设计与试验方案的制定与实施；排除了火焰稳定器烧蚀故障；解决了发动机低温启动、预燃室和主燃室工作匹配、燃烧振荡、燃烧效率提高、发动机快速启动等问题。在这一系列技术关键和难题的解决中，梁守槃都亲临科研生产试验第一线，了解情况，参加研究、讨论，并给予指导，不遗余力地提出解决问题的意见与建议。

经过研制团队的共同努力和奋斗，1975 年成功地进行了装有 CF-06 冲压发动机的“海鹰三号”全弹地面试车，解决了发动机进气管路和涡轮泵进气管路的压力与温度同步匹配等问题，使弹道参数模拟达到较高水平。全弹试车的成功为导弹飞行试验奠定了基础。

1979 年，在海鹰三号助推弹的飞行试验中，本来的目的是考验助推级的工作，冲压发动机暂不参加工作。梁守槃积极支持刘兴洲提出的“冲压发动机延迟点火，在不影响考验助推级工作的前提下，使冲压发动机参加飞行试验”的建议。7 月 26 日，进行了“海鹰三号”的发射，导弹冲破声障，进入超声速飞行。此时，四个助推器呈十字形分离，冲压发动机成功点火，开始工作。后对遥测数据进行了判读，证明左右发动机同时点火，发动机压力平稳，左右发动机推力一致。冲压发动机延迟点火成功，冲压发动机工作成功了！

正当“海鹰三号”的研制工作紧张而有序地进行时，1981 年 3 月 12 日，总参谋部、国防工办根据八机部的意见做出决定，其中包括撤销“海鹰三号”的研制任务。当时八机部还明确，没有列入当前型号任务，就不要搞分系统的预先研究。“海鹰三号”的工作无路可走，万般无奈，梁守槃以个人的名义分别向时任国务院副总理的张爱萍、海军司令员刘华清、八机部部长焦若愚等领导写了报告，言明“海鹰三号”研制工作的进展情况及取得的一些成果，并说明了“海鹰三号”的应用前景，不应该停止研制。张爱萍副总理在国防工办副主任的报告上批示：“海鹰三号”的研制，不是暂停，更不是下马，而是先使冲压发动机过关。这样，“海鹰三号”的研制工作才得以继续进行。

张爱萍副总理批示后，海军装备部认为 1970 年周总理和中央军委批准的弹体长度（10 米）过长，在坑道中转弯不便，要求弹体缩短为 8 米以下，射程不变。梁守槃当即提出了自己的意见：导弹缩短长度，必然减小油箱，导弹射程会变短；导弹不需要像重炮那样放在坑道里，可以放在山后有顶盖的平地地面，由山顶的雷达指挥发射。研究讨论并无结果，三院只好继续抓紧冲压发动机的研制与改进工作。

1983年3月19日，航天部党组任命路史光为“海鹰三号”总设计师，任命沈世绵、曹柏桢、刘兴洲为副总设计师。1984年，进行了3发海鹰三号自控弹的飞行试验，证明导弹的推阻力平衡问题已经过关。1986年7月17日，海鹰三号自控弹在海军发射试验基地进行了飞行试验，首次获得圆满成功。

1992年，在莫斯科举办的航空博览会上，俄罗斯展出了被美国人称为“日炙”的导弹，其被认为是国际上最先进的导弹。实际上，“日炙”与“海鹰三号”的主要区别是:“日炙”的助推器在冲压发动机的燃烧室内，而其长度（是10米，而不是8米）、速度、射程、直径和重量，都与1970年中国确定的“海鹰三号”指标基本相同，中国在20世纪80年代初技术上已过关，80年代中期已研制成功的“海鹰三号”，完全可以与1992年被称为国际上最先进的导弹“日炙”相媲美。

“鹰击一号”和“海鹰三号”两型低空超声速反舰导弹的研制道路虽然坎坷、曲折，但这些实践经历着实锤炼了梁守槃和广大科技人员独立自主、自力更生的精神，矢志不渝、敢于坚持和善于坚持的品格。研制成功的鹰击一号导弹被赞誉为“最令人惊讶的低空超声速反舰导弹”，海鹰三号导弹可与被称为国际上最先进的导弹“日炙”相媲美，充分彰显了中国航天在发展、创新、赶超中所取得的辉煌成就。这不仅在科技成果储备上为后续的飞航式海防导弹及有关的导弹事业的发展奠定了技术基础，提供了借鉴和参考，更为难能可贵的是在科研生产队伍的培养、锻炼、提高上，在技术基础设施设备和研究、设计、试制、试验、生产、检测、测试手段的建设上，以及在科研生产和飞行试验的组织管理等方面，都为后续的飞航式海防导弹型号及其他有关型号的发展，奠定了坚实的人才、物质和技术基础。梁守槃远见卓识，研制团队功不可没。这两型低空超声速反舰导弹的英名，载入中国航天史册，千古流芳。

梁守磐

梁守磐院士传记

Academician Liang Shoupan's Biography

第十章

战略考量　注重规划

在近70年的科技生涯中，特别是在50年的航天征程中，梁守槃始终以睿智和前瞻的思想，紧密结合中国的实际，进行全局的、战略的、长远的思考，研究制订科学合理且超前可行的发展战略与规划。

梁守槃思维缜密、逻辑严谨、记忆力超强、言辞犀利，他不仅是一位刻苦钻研理论、嗜书如命、能够理论联系实际、注重实践、敢于坚持的科学家，同时，也是一位具有远见卓识和前瞻思想，善管理、重规划的科技管理专家。他在航天型号工程和专业技术上的突出业绩与成就，彰显了其在科技管理，特别是在发展战略与规划的研究、制订中的建树和丰功伟绩。特别是在20世纪80年代中期，他作为航天部科技委副主任，分管中国航天科技工业2000年发展战略的制订工作。他以严肃认真、积极负责的精神，领导和参加了中国航天科技工业2000年发展战略研究报告的讨论与制订工作，历时近3年，完成总报告及各类航天型号分报告30余册，论述了中国航天21世纪的发展目标与任务，并提出了相应的技术途径、规划设想和措施，这些对中国航天长远规划的制订和发展，都具有重要的借鉴与参考价值，这其中凝聚着梁守槃的艰辛劳动和重要贡献。

1. 规划核心 自信赶超

梁守槃于 1956 年 9 月调赴北京，参加筹建中国第一个导弹研究机构——国防部第五研究院，他参加了 1956 年 10 月 8 日在北京军区空军 466 医院的一个食堂里举行的国防部五院成立大会，聆听了聂荣臻副总理刚毅自信、热情洋溢、激人奋进的讲话，聂荣臻宣布：“同志们，中国第一个火箭与导弹研究院——国防部第五研究院今天正式成立了！”勉励大家以自力更生、奋发图强的精神学习研究导弹技术，毕生致力于我国的导弹事业。自此，他将自己毕生的精力都奉献给了中国的导弹与航天事业。经过几十年航天型号工程研制的锻炼与陶冶，在航天系统，在人民科学家钱学森之后，陶冶出了人们耳熟能详的四大航天老总：任新民、屠守锷、黄纬禄、梁守槃。

20世纪90年代初，梁守槃（右）与任新民（左）在一起

1988年4月，梁守槃（右）与屠守锷（左）在一起

1992年，梁守槃（右）与黄纬禄（左）在一起

作为航天型号工程的老总（总设计师），首先是要研究制订航天发展规划，确定发展目标、任务，技术方向、途径，实现目标、完成任务的措施等。梁守槃亲历了中国航天创建、发展、壮大的全过程，截至2009年辞世前，参加和领导了中国航天历次重大规划，在规划制订中，最突出的是，他认为制定规划中要强调民族自信心，要切实贯彻周恩来总理在1959年全国人民代表大会上所述："我们在技术方面，要迎头赶上。"他认为有了民族自信心和赶超的思想，才能在规划中体现前瞻性、先进性与可实现性的统一，才能实现周总理提出的"要迎头赶上"的要求。

2005年，梁守槃这位年已89岁高龄的耄耋老人在接受记者采访时，当被记者问道："您对导弹武器的研制有什么希望？"脱口而出："我最大的一个希望就是要有民族自信心。不能说只有外国人能做，中国人不能做，或中国人将来可以做，但现在还不能做，那中国人就只能永远跟踪。"他对周总理1959年在全国人民代表大会上讲话的情景还记忆犹新："周总理讲，我们在技术方面，要迎头赶上。很多人都在场，大家都很赞成。但会后也有人讲，'哎呀，我们的技术不行啊，我们要迎头赶上怎么个赶法呀？'"当时他尖锐地、半开玩笑地回应：

梁守槃在计划工作会议上讲话

“难道你站着不动，就会赶上吗？！”他的这段言简意赅的谈话，道出了他对发展规划制订的指导思想。

1962 年 4 月 21 日，国防部五院根据聂荣臻关于制定国防部五院技术路线的指示，由钱学森组建了由林爽、任新民、屠守锷、蔡金涛、吴朔平、钱文极、梁守槃、庄逢甘组成的三个小组：综合（规划）组由梁守槃任组长；地地型号组由屠守锷任组长；地空型号组由吴朔平任组长。后来又成立了固体火箭发动机组。梁守槃在主持综合（规划）组的工作中，以认真负责的态度，查阅和研究国内外的有关资料，听取国家有关部门及有关科技人员的意见，调查了解中国各类导弹型号仿制进展情况及改型研制情况，分析研究后续发展规划。

正是在技术路线研究、制订的基础上，制定了《地地导弹发展规划》（即“八年四弹”规划）。规划中明确，要在 1965 年至 1972 年的 8 年间，研制成功用于“两弹结合”（导弹运载原子弹）的增程的中近程液体弹道导弹，中程、中远程和远程（洲际）液体弹道导弹。1965 年 3 月 20 日，周恩来总理主持召开中央专委第 11 次会议，原则批准了“八年四弹”规划。实践证明，“八年四弹”规划是切实可行的，规划既考虑了中国国防建设的需要，也考虑了中国导弹技术及运载火箭技术的长远发展；既考虑了技术的可行性，又考虑了中国经济上的承受能力。这个规划在执行中虽受到“文革”的干扰，研制工作有所拖期，但“四弹”的目标任务都已完成，不仅使武器装备和国防实力都得到了实质性增强，而且使中国航天科技工业，包括科研生产基地的设施设备和技术手段的建设及人力资源的建设等，基本形成了完整配套的体系，为中国航天全面、协调可持续发展奠定了坚实的技术与物质基础。梁守槃在这些规划的制订中呕心沥血并作出了突出贡献。

2. 弹道导弹 着眼未来

梁守槃在担任液体弹道导弹总体设计部主任和液体近程弹道导弹“1059”总设计师时，就未雨绸缪，开始思考液体弹道导弹的未来发展，其中主要的是两个问题，其一，为了提高导弹的射程和运载能力（导弹弹头的重量），必须选用高能推进剂，即比推力比较高的推进剂。同时，考虑导弹武器作战使用的需要，“1059”导弹使用的推进剂为易挥发的酒精、液氧，且液氧需低温保存，很不适合导弹武器作战使用，寻找和选择新的推进剂，是必须解决的问题。其二，欲提高弹道导弹的射程和增加有效载荷，除研制新的更大推力的单台液体火箭发动机外，还要进行发动机并联，这是液体弹道导弹发展的可行的技术途径。

当时，中国的科技人员提出采用偏二甲肼作为燃烧剂，但苏联援华的一位液体火箭发动机专家说：“偏二甲肼有剧毒，而且是积累性中毒。使用偏二甲肼等于抱着老虎睡觉，不知什么时候就会被咬。”梁守槃作为液体火箭发动机燃烧过程研究所所长，同液体火箭发动机设计部主任任新民、液体弹道导弹总体设计部主任屠守锷等带领有关科技人员，以坚定的自信心和勇敢的探索精神，闯这个禁区，摸这个老虎的屁股。梁守槃、王树声（液体火箭发动机燃烧过程研究所副所长，梁守槃任国防部五院三分院副院长后接任所长）、朱鲲（军事医学科学院副教授），先后主持了该项意义重大的研究试验工作。经过反复的分析、研究和试验，终于得出了有价值的结论：偏二甲肼有毒，但不是积累性的，人体可以通过自身的新陈代谢排除。而且研制出了解毒的特效药。

“1059”导弹（后改称“东风一号”）和东风二号导弹使用的推进剂为酒精、液氧、过氧化氢；东风三号导弹使用的推进剂开始为混胺和硝酸，混胺是从粮食中提取的，每 20 千克粮食才能提取 1 千克混胺，研制中发动机试车就等于烧掉大批粮食，所以，采用偏二甲肼、硝酸为推进剂，其意义无疑是重大的；东风四号导弹和长征一号火箭，使用的推进剂为偏二甲肼、硝酸 27S；东风五号导弹及长征二号系列运载火箭，长征三号及长征三号甲系列运载火箭的一、二级液体火箭发动机，长征四号甲系列运载火箭使用的推进剂均为偏二甲肼、四氧化二氮。几十年来的飞行试验和发射，所消耗的偏二甲肼数量之巨显而易见，折算成混胺所节省的粮食亦可想而知。

解决离心式涡轮泵并联问题的意义也是不言而喻的，只有解决了四个离心式涡轮泵并联问题，才能采用四管并联的发动机，增大推力，提高射程，从东风三号导弹起，所研制的液体弹道导弹和运载火箭的一级，都是采用了四管并联的液体火箭发动机。

除此之外，对于导弹弹体最大直径的选择、自动驾驶仪舱的位置安排、导弹尾翼的尺寸设计等，梁守槃都以长远发展的战略思维，经过分析、研究、计算，发表了自己的独到见解，为液体弹道导弹的发展奠定了基础。

3. 坚定不移 研制冲压

毋庸置疑，梁守槃的坚持和执着，对中国在20世纪90年代后期掌握冲压发动机技术和研制成功低空超声速反舰导弹起到了重要作用。20世纪50年代中期，在中国导弹事业初创时期，钱学森指出：“冲压发动机是个好发动机，但也是个复杂的、技术难度大的高级发动机。”作为曾从事航空发动机仿制、设计，并长期从事航空发动机教学的梁守槃，对冲压发动机技术也非常感兴趣，他搜集了非常有限的关于冲压发动机技术的文献资料，并进行了认真学习与研究，认定钱学森的意见是有道理的，认为中国人应该攻克外国人还没有突破的冲压发动机技术，要敢于碰这个“硬”，并提出千里之行，始于足下，应该从研制实验设施设备起步。

自此，冲压发动机及以其为主要动力的超声速低空反舰导弹武器系统，在漫长、坎坷而艰难的研制道路上前进，梁守槃带领研制团队顶风冒雨、披荆斩棘、攻坚克难，终使中国冲压发动机技术达到了世界先进水平。1985 年，对 CF-06 冲压发动机的研制工作进行了技术鉴定，认定：“CF-06 冲压发动机是中国低空超声速冲压发动机的第一项研制成果。研制成功的高度为 300 米、马赫数为 2.0 的冲压发动机系统为世界首创，所采用的某些技术，如冲压发动机低空超声速大负荷工作技术，在尾喷管相对面积（0.8）较大的情况下实现正常飞行技术，在地面进行沿弹道连续变化的动态模拟联合动力试验技术等，都具有世界先进水平。”CF-06 冲压发动机在 1986 年荣获航天部科学技术进步奖一等奖；低空超声速系列冲压发动机荣获 1987 年国家科学技术进步奖一等奖。尔后，研制成功了鹰击一号舰（空）舰低空超声速导弹；海鹰三号岸舰低空超声速导弹的冲压发动机及推阻力平衡等重大技术关键也已突破。这两种超声速低空反舰导弹在同类导弹武器系统中均处于世界先进水平。事实证明，中国人完全可以不依赖外援，自力更生地完成新的导弹武器系统的研制。

每当有关的航天工作者忆及当年冲压发动机及低空超声速反舰导弹的创建与研制历程时，都异口同声地佩服梁守槃高瞻远瞩的战略思维、深厚而扎实的技术理论功底和矢志不渝、坚持到底的品格。在冲压发动机研制初期，梁守槃

1985年，梁守槃参加第七届国际空气发动机会议

带领有关研制人员，在国防部五院钱学森副院长的支持下，历尽千辛万苦，经过反复研究、试验，解决了冲压发动机的点火和稳定燃烧等技术难题，以及冲压发动机燃烧室内的火焰管在工作中失稳破坏的问题。可最关键的难题是在不同飞行高度和不同马赫数下的供油调节问题，但这个问题的解决必须与采用冲压发动机的导弹研制工作相结合，而且要通过导弹飞行试验进行检验。可当初确定的采用冲压发动机的老红旗一号地空导弹已于 1961 年停止了研制，可谓釜底抽薪。经过分析、论证，他们决定以低空、马赫数为 2 为基础，进行研究试验，并取得了初步的研究成果。恰在此时，西方各国对采用冲压发动机有不同的看法，在美国的黄铜骑士、波马克、小猎犬防空导弹相继定型之后，冲压发动机技术发展缓慢；苏联方面，由于严格保密，对其冲压发动机等研制情况，外界知之甚少。所以在国防部五院内，也有人主张冲压发动机的工作，应在完成有关的地面试验后，作为预研项目，将技术材料归档，以备将来之用。但梁守槃坚定地认为：已取得的自主的科研成果，不用，不去研究发展，那就是违背周恩来总理“迎头赶上”的指示。他还针对有人用外国人压中国人的说法，尖锐地指出：“新武器的发展，要根据理论分析和研究试验的结果确定，而不能先问、只问外国人怎么样。”正是由于梁守槃的坚持和据理力争，冲压发动机及低空超声速导弹的研制工作才没有停止。

1963 年，中国在经历了三年暂时困难时期后，国民经济开始好转。在 1963 年 4 月 2 日至 5 月 16 日召开的国防部五院科技委首届年会上，根据钱学森的提议，会议决定，以反舰导弹为背景，开展冲压发动机的研制。并在会议上决定，由三分院召集一分院四部等有关单位开会，做进一步讨论。梁守槃主持召开了进一步讨论的会议，并初步确定了一些技术参数。这使冲压发动机的研制工作得以继续开展。

1965 年，七机部三院改组为型号院后，根据国家所赋予的使命，按照国防部五院科技委首届年会的决定精神，提出了研制两型超声速反舰导弹的建议：大射程的以单面封锁渤海湾为基本指标；小射程的（与“上游一号”最大射程相当）则作为空舰导弹，两者的飞行速度都是2倍声速。当时，此类型号没有外国资料可借鉴，更谈不上引进。自此，这两种冲压发动机和以这两种冲压发动机为主动力的两型低空超声速导弹开始了坎坎坷坷、披荆斩棘的研制征程。在这一艰苦卓绝的征程中，梁守槃始终挺立在风口浪尖，在众说纷纭的唇枪舌战中，他思维敏锐、逻辑推理严谨和语言犀利，似有舌战群儒之势。正是梁守槃和他带领的团队鼎力坚持和坚韧不拔，才使冲压发动机及以其为主动力的低空超声速反舰导弹的研制工作在艰难中仍不断前行。

然而，冲压发动机及以其为主要动力的低空超声速反舰导弹研制历程中的拦路虎不少。一则是其新难技术多，研制难度大；另则是时处“文革”的动乱时期，正常的科研生产秩序被破坏，产品设计和生产质量难以保证。20世纪70年代初，海鹰三号岸舰导弹的飞行试验又连续失败，一些人对研制低空超声速反舰导弹的信心有所动摇，在一次会议上，海军装备部的有关人员提出，要撤销“海鹰三号”和“鹰击一号”这两个反舰导弹的研制任务。在此关键时刻，梁守槃挺身而出，经向三院党委请示，以三院的名义向海军首长提交了报告，说明海鹰三号助推弹飞行试验的失败，是高压气瓶和电爆活门设计不当所致，重申以前海军和七机部联合上报的，并经中央军委批准的关于开展这两个反舰导弹型号研制工作的决定没有不妥，并阐明研制超声速导弹是未来的发展方向。海军首长批示肯定了报告建议，冲压发动机及这两个超声速导弹的研制工作，才得以继续进行。

一波未平又起一波。20世纪80年代初，在八机部召开的一次会议上，有人提出：“鹰击一号”可以继续进行，“海鹰三号”问题很多，应当停止。国防工办提出：冲压发动机技术未过关，应先搞“鹰击一号”，“海鹰三号”则应停下来，不列入当前的研制型号。八机部有关人员说："既不列入当前型号，就不要搞分系统的预先研究，因为那是脱离实际。"海军装备部的有关人员说："没有冲压发动机的研究成果，不能申请列装研制。"这一连环套的说辞，使"海鹰三号"的研制工作已无路可走。1981 年 3 月 12 日，在总参谋部和国防工办的决定中，又将"海鹰三号"列为撤销研制任务的型号。"海鹰三号"岌岌可危。万般无奈，倔强耿直的科学家梁守槃，视中国海防导弹事业的发展为己任，顶住压力，以其科学家的良知，分别向张爱萍、刘华清、焦若愚诸领导提交了报告，语重心长地申明，"海鹰三号"的研制工作已经取得了来之不易的成果，而且也是封锁渤海湾所急需的导弹型号，不应停止，而应继续进行研制。报告得到国务院副总理张爱萍的批示、支持，方使"海鹰三号"的研制工作得以继续进行，并研制成功。

梁守槃坚定不移、持之以恒的坚韧品格难能可贵，正是由于他与广大科技人员的韧劲，才为中国的飞航式海防导弹事业开创了一条符合中国国情、独立自主的发展道路。

4. 领导主持 制订战略

梁守槃不仅在科学技术上深有造诣，具有自信自强、独立思考、科学严谨、敢于直言的科学家的本色和底蕴，具有对导弹研制中的重大技术问题进行决策和攻关的能力，而且还十分重视航天科技工业发展方向、发展战略、技术途径、发展规划等的制订工作。他领导了三院"三五"（1966~1970 年）、"四五"（1971~1975 年）、"五五"（1976~1980 年）和"六五"（1981~1985 年）诸计划的编制与制订工作，并指导了后续的五年计划、规划的制订工作。

1982 年 4 月 9 日，中共中央决定国家机关实行体制改革，七机部改组为航天部，任命张钧为航天部部长、党组书记；李绪鄂为副部长、党组副书记；芮杏

梁守槃（左）与林宗棠（中）、郑天翔（右）在人民大会堂亲切交谈

梁守槃（前排左）、庄逢甘（前排右）在科技委年会暨学术论坛上

文、宋健、程连昌为副部长、党组成员；郑天翔、陆平、冀绍凯为顾问；马云涛、王道力为党组成员；任新民为航天部科技委主任，屠守锷、黄纬禄、梁守槃、孙家栋为副主任。5 月 4 日，第五届全国人大常委会第 23 次会议通过了《关于国务院部委机构改革实施方案的决定》，并通过了张钧为航天部部长的决议。

20 世纪 80 年代中期，航天部组织了中国航天科技工业 2000 年发展战略的研究与制订工作，梁守槃作为航天部科技委副主任，分管这一发展战略的研究与制订工作，他以严肃认真和积极负责的态度组织了这一工作。在中国航天科技工业2000年发展战略的研究与制订中，他反复强调，要调查研究世界航天科技工业比较发达的国家的发展动态与趋势，并紧密结合中国航天和中国实际；强调要处理好各类航天型号工程与专业技术发展的关系，贯彻需求牵引、专业推动的原则；强调必要性与可行性相统一，使发展战略既有前瞻性、超前性，又有可实现性。他带领有关人员听取国家综合部门、军方使用部门及方方面面的科技专家、科技管理人员的意见，并进行综合分析和归纳，使发展战略更好地体现科学性与民主性。他夜以继日地审阅了近20卷的发展战略文稿，保证了中国航天科技工业2000年发展战略的研究与制订工作圆满完成。这一发展战略对中国航天后续的规划与计划的制订，对中国航天获得全面、协调、可持续发展，都具有重要的参考和借鉴价值，并发挥了重要作用。

值得一提的是，梁守槃在巡航导弹发展战略的制订中，更是发挥了至关重要的作用。他根据海湾战争的实际战例，反复强调，巡航导弹作为一种有效的精确制导武器，在未来战争中可以发挥“外科手术刀”的作用，巡航导弹发展战略的制订及其所确定的动力装置、制导技术等关键技术解决的途径与措施等，都对后来巡航导弹的立项与研制工作发挥了重要作用。

在中国航天科技工业2000年发展战略的研究与制订工作中，梁守槃发现有漏项，其中包括固体战术地地导弹和作战指挥控制系统等。他立即同部机关的有关人员组织力量进行编写，特别是对固体战术地地导弹在未来战争中的作用，控制与制导技术、先进弹头弹药技术等，进行了详尽的研究，并列入2000年的发展战略，尤其是从未来战争中体系对抗的高度，阐述了攻防体系的协调与配合问题。这些对中国国防武器装备的发展都具有前瞻性的指导意义。

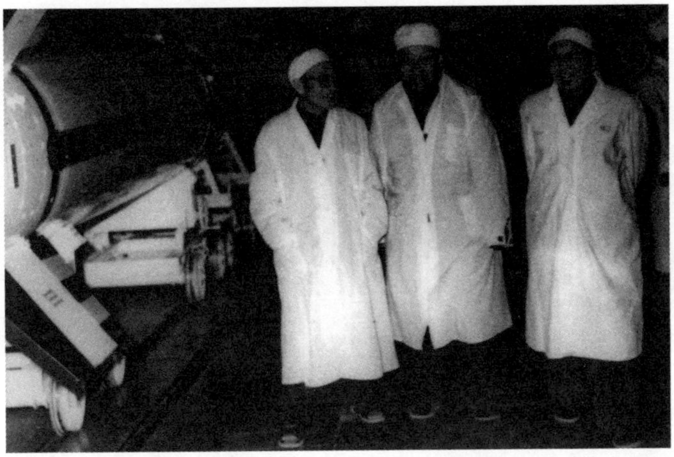

1987年11月，梁守槃（中）与屠守锷（右）在航天工业部一院

海上攻防对抗学术交流会（前排右八为梁守槃）

梁守槃

梁守槃院士传记

Academician Liang Shoupan's Biography

第十一章

高风亮节　率真坦荡

梁守槃是一位热爱祖国、拥护社会主义、个性鲜明、执着倔强、潜心追逐科学与事业的科学家。具有聪颖睿智的天资，勤奋刻苦的精神，自信自强的信念，坦荡正直的品格。

在航天系统著名的科学家中，钱学森（1911年12月11日—2009年10月31日）、屠守锷（1917年12月5日—2012年12月15日）、黄纬禄（1916年12月18日—2011年11月23日）、梁守槃（1916年4月13日—2009年9月5日）等，都是在耄耋高龄而驾鹤仙逝，任新民（1915年12月5日—2017年2月12日）更是享年102岁。笔者试图探究这些科学家长寿的秘诀和规律，其一，他们都是出生在较为富裕的家庭或官宦之家，生活较为优裕；其二，他们大学毕业和留学美、英回国后，不管是在旧中国，还是在新中国，其工资待遇还是比较高的，不会为柴、米、油、盐、酱、醋、茶和养儿育女犯愁；其三，他们无欲无私、坦荡直言、表里如一，不为人际间钩心斗角而郁闷、郁结；其四，他们勤思好学，一生都在动脑子，从而带动整个身体的新陈代谢。这些可能就是这些科学家长寿之因。梁守槃就是符合这四条的典型代表，尤其是他自信自强、倡导赶超，坦荡磊落、敢于直言，实事求是、技术民主，钻研理论、注重实践，忠诚事业、敢于担当，淡泊名利、甘于奉献等品格和道德风范，更彰显他的人格魅力和性格特点。

2005年7月18日，梁守槃（左）与梁思礼（右）对弈

1. 自信自强 倡导赶超

梁守槃出生在积贫积弱、半殖民地半封建的旧中国，从儿时起就耳闻目睹，帝国主义列强在中国肆虐、横行霸道，军阀混战，劳苦大众在水深火热之中生活，虽终日劳作，却过着衣不蔽体、食不果腹的生活。他悟出了一个道理，落后就要挨打，就要受欺辱。他在清华大学就读时，从曾留学欧美的教授身上得到启迪，加上赴麻省理工学院攻读研究生时的切身体会，逐渐树立了一个坚定信念：中国人行，不比外国人差，外国人能干的，中国人也能干；外国人没干的，中国人也能探索着干。他有着强烈的民族自信心，中华民族可以挺起胸膛自立于世界民族之林。

正是在这种自信、自立、自强信念的驱使下，他在中国导弹事业初创时期，坚定地认为，不管苏联是否提供援助，中国人都要坚决地干下去，制造出中国自己的导弹。苏联在 1956 年 4 月间曾表示可向中国提供导弹技术资料、实物，派专家帮助中国建立导弹工业，但到 9 月下旬，苏联又向中国发来照会：中国不具备发展导弹工业的基础，应当先选派一批中国留学生赴苏联学习，等这些留学生毕业回国后，再谈提供技术资料和派赴专家的事情。当时中国各项新的工业建设，都是由苏联提供技术资料和派遣专家，当苏联拒绝向中国提供有关导弹方面的技术资料和派遣专家时，在国内各级领导层和科技人员中，有个别人就失去了信心，认为应当接受苏联的建议，国防部五院发展导弹的工作，应该暂缓。

在刚成立的国防部五局和国防部五院的领导层中，对苏联的建议也有不同的反响，大多数人认为，国防部五局和国防部五院既已成立，且已调集了一些人员，就应该走自己的路，开始行动，不宜后退或停止。少数人担心，没有苏联的援助，导弹这种新产品，只有钱学森等少数人看见过，盲目前进，可能会白白浪费人力、财力、物力，得不到预期的效果。为此，党中央、毛泽东主席、周恩来总理、聂荣臻副总理为中国的导弹事业制定了发展方针，即中国的导弹研制应采取“自力更生为主，力争外援和利用资本主义国家已有的科学成果”的方针。梁守槃从心底里拥护这一独立自主、自力更生的方针，还颇有见地地指出，德国 V-2 导弹的总设计师冯·布劳恩就是没见过导弹，而设计和制造出导弹的人；中国 1956 年的技术水平，不会低于德国 1936 年的技术水平，而且有了外国成功的先例，我们应当比 20 年前的德国人更有信心，中国人能够制造出导弹。

在中国导弹事业创建初期，在同苏联专家接触中，梁守檗虚心地向苏联专家学习，认真地消化、研究苏联所提供的技术资料和设计图纸。但他并不迷信苏联专家，更不盲目地崇拜，而是以科学的、实事求是的态度，以试验数据和试验结果为依据，提出自己的技术见解和意见。经过实践的检验，证明他的意见与见解是正确的，如在环形气瓶的制造中，坚持用热轧钢代替当时中国还不能制造的冷轧钢；选用国产的液氧、酒精和过氧化氢作为推进剂；选用偏二甲肼作为液体火箭发动机燃烧剂；两台离心泵并联技术；等等。他以科学的理论和试验的数据与结果为依据，同苏联专家进行坦诚的讨论和交流。这些讨论和交流的结果，都为中国导弹技术走出自己的发展道路作出了举足轻重的贡献。

梁守檗对如何处理跟踪仿制、创新、赶超的关系，更是有着独到的见解。他认为，任何工业产品都要不断改进，推陈出新，否则必被淘汰，武器的发展更是如此。事实上，武器的先进与否只是一个相对的概念，矛与盾总是在失衡和平衡中不断地前行，在这个过程中，掌握先机才是重中之重的事，必须大力创新，努力赶超。他认为，有些新兴的工业产品，由于我们是发展中国家，工业和科学技术相对落后，初创时期进行跟踪、仿制是对的，但不能依赖跟仿，一味地跟仿。他更反对那些“只有外国人能做，中国人不能做”或者“中国人也许将来可以做，但现在还不能做，我们只能跟踪”等言论。他认为，如果按照这些主张办，那我们就永远跟踪吧！那我们怎么能实现周恩来总理在 1959 年全国人民代表大会上提出的“我们在技术方面，要迎头赶上”的目标呢？！

2006 年 5 月 23 日，已逾九旬的梁守檗，亲笔撰文，系统地总结和阐述了自己的思想和意见。他在文中动情地写道：“要有民族自信心。我国的现代化工业基本上是从西方国家引进的。所以在一些人的心中，总认为‘我们的底子薄，现在应以跟踪工业先进的国家为主，不要好高骛远地谈赶超、创新。’因此，一遇到创新项目，就有人先问，‘外国人有没有干过？’如果说没有，他们就说，

'连外国人都没有，咱们怎么能行。'如果说外国人已在做，则说'赶紧去参观、考察，付知识产权费。'我们应该进行认真的思考，西方的工业革命，是17世纪开始萌芽，19世纪才得以发展的。有些工业强国，建国至今还不足200年。而我国工业现代化建

2006年4月，吴卓(右)代表中国航天科技集团公司祝贺梁守槃(左)九十寿辰

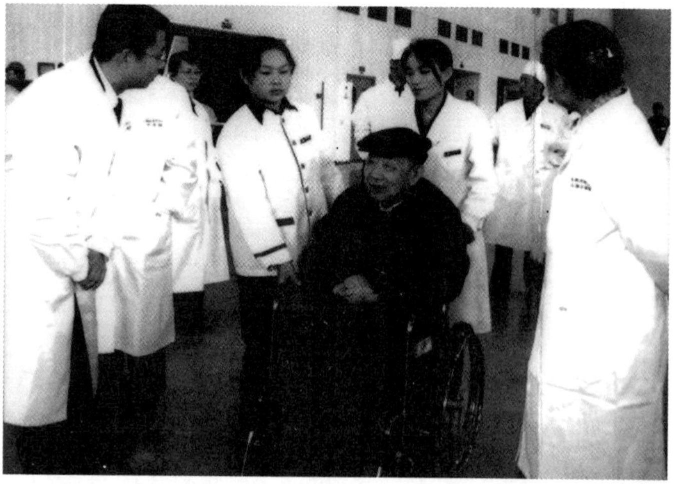

2006年，梁守槃到三院视察工作

设至今已半个多世纪了。中国人怎么不行呢！故步自封，自暴自弃，实在是不应该。”

他还以具体的事例分析了武器创新的内涵。他写道：“真正的武器创新，一方面，应当着眼于作战性能（射程、杀伤力、命中精度等）的改进，以及对抗能力的加强；另一方面，则是要考虑经济上的可行性。因此，在工作中不能把创新与当前生产任务分开，而是要考虑将已得到的科技成果如何组合，使之成为新的武器。”他还列举了实例加以说明，“这种创新、整合的方法，是过去经常使用的。例如，按照‘动稳定’的概念，去掉弹道导弹的尾翼，实现了潜地导弹无尾翼的外形；利用‘东风二号’承力箱体的概念，加大了海鹰二号导弹燃料箱的容积，有效地增大了导弹的射程；利用红外被动式末制导的研究成果，提高了反舰导弹的隐蔽性和抗干扰能力……正是这一系列的创新成果的应用，使中国导弹武器的技术水平得到了实质性的提高，中国导弹武器系统已在世界导弹武器市场上占有了一席之地。所以，美国多次提出，反对中国出售各种战术导弹，并再三要求中国参加‘导弹及其技术控制制度’（MTCR）。”从这些记述中可以清晰地看到，梁守槃力主要有民族自信心，跟仿是手段，而不是目的，要加强创新，实现赶超的目标。

梁守槃不仅在如何处理跟仿与创新、赶超的关系上有自己独到的见解，而且在处理引进、购买和自主研制上，更是直陈己见，身体力行。聂荣臻副总理在 20 世纪 80 年代初告诫我们：“尖端技术靠买是买不来的，买来了也掌握不了。”梁守槃由衷地赞同聂荣臻的告诫，并情有独钟，他有一个强烈且始终如一的观点：保卫祖国的武器装备和先进技术，必须要自力更生、独立自主进行研制，才能不受制于人。靠引进、靠购买，不可能拿到当今最为先进的武器，我们和武器装备先进的国家相比，总会有“代”差，打起仗来就会被动挨打。2005 年 4 月，他在接受《现代舰船》杂志记者采访时，发自肺腑地谈道：“搞武器有两个办法：一个办法是到国外去买，另一个办法是自己做。在1926年以前，北洋政府时代，所有的军火武器都是从外国购买的，步枪是捷克斯洛伐克的，炮是德国的，是大杂烩。可就没有中国自己造的，都是从外国买来的，价钱也很高。现在购买国外的现代化武器，价钱也不便宜。”他还通过实例做了进一步说明：“讲一个法国导弹的例子。法国人曾说，购买法国的导弹武器比你们中国自己研制的还便宜。有一次张爱萍将军问我，法国人做导弹，中国人也做导弹，花的钱到底怎么样？我做了回答：这个账我们计算过，如果将我们所花的研制经费换算成美元，我们的费用等于法国人的三分之一。我们花三分之一的钱，就能做出我们自己的导弹；如果是花三分之三的钱从法国进口，那只是拿到了导弹，但是自己还掌握不了制造导弹的技术，更培养不出研制导弹的科研生产队伍，更谈不上研制导弹的设施设备，以后再需要的话，还只能到国外去买，无休止地买。”他还自豪地说：“现在我们不但自己做出导弹，而且还可以出口到国外。”

1979年7月16日，中央军委批准八机总局《关于对引进战术导弹武器系统进行合作生产的请示》，同意在1980年前从国外引进四种战术导弹及相应设备进行合作生产，即意大利阿斯派特和信天翁地（舰）空导弹、意大利奥托马特海防导弹、瑞典 RBS-70 超低空防空导弹、意大利米拉奇 -100 无人飞行器。后来还拟从英国引进海标枪导弹武器系统等。三院当时隶属于八机总局，1979 年 9 月 13 日，第五届全国人大第 11 次常委会，通过了设立第八机械工业部的决议，梁守槃任三院副院长；1980 年 2 月 29 日，八机部成立了科学技术委员会，梁守槃为副主任委员；1980 年 7 月 21 日，经中央军委批准，梁守槃担任海军军工产品定型委员会委员。各有关部门在研究和决定这些引进项目时，无疑要征求梁守槃的意见或邀请其参加有关会议。他责任在肩，不辱使命，都以科学的、实事求是的态度，发表了意见与建议。他的原则是坚定而明确的，那就是凡是能够自主研制的，或经过攻关可以自主研制的，就不要引进或购买；对于确实需要引进或购买的先进而适用的技术、设备、产品，一定进行技术经济可行性论证，而且应该有切实可行的消化、吸收、国产化和再创新的计划。个别人为此抱怨："在一些引进项目上，由于梁守槃横拦竖挡，引进的项目都成了泡影，海军系统进口的装备少得可怜，这与梁守槃并不无关系。"这些议论对梁守槃的压力是实实在在存在的。其实，梁守槃也只是尽了一个科技工作者的责任，实事求是地讲了意见，最后还是决策者和决策机关综合各方面的意见，做出了正确的决策。例如，谈判历时近三年的引进英国海标枪导弹武器系统的项目，1982 年 1 月 17 日，国防科委聂力副主任召集七机部、电子工业部、船舶工业总公司、海军等单位的负责同志，传达万里、张爱萍关于终止从英国引进 051 工程（即海标枪导弹武器系统）的指示。同时，张爱萍要求七机部尽快拿出适合海军作战需要的武器装备。

梁守槃不仅在武器装备进口方面有自己的分析判断和意见，而且在武器装备出口方面也有与众不同的见解。有人说："我们不能把最好的、在役的武器装备卖出去。"他认为这句话不全面，也不赞成这个观点，他认为："有些武器装备当前是最好的，你不卖，留着，可 5 年以后，这些武器就不是最好的了。5 年以

1996年，在“梁守槃院士学术思想座谈会”上，梁守槃（右）与庄逢甘（左）在一起

后，你想卖，能卖得出去吗？”他用辩证和发展的思维分析：“人家也不傻，用落后的东西蒙混过关，那也只能是一锤子买卖。我们有信心还要做出更好、更先进的武器装备，那为什么不能把现在最好的武器装备拿出去换汇，支援新的研制发展，加速我们武器装备的更新换代呢？”他还加重语气强调：“武器装备的发展、更新和出口不能走入死胡同，要形成良性循环呢？”在中国航天科技工业系统，飞航式海防导弹是最早向国外出口的，而且军贸工作也是做得相当出色的。这与梁守槃这一辩证发展的思想是有直接关系的。后来，梁守槃被聘为中国长城工业公司（中国精密机械进出口公司）顾问，他尽职尽责，为军贸工作作出了不可替代的贡献。

2. 坦荡磊落 敢于直言

坦荡磊落、敢于直言、坚韧倔强，是梁守槃标志性的品格，他承袭了中华民族的传统美德，这体现了他的世界观和人生观，他用自己的实际行动彰显了科学家的良知。

1964年，梁守槃在国防部五院三分院的干部大会上，作了《关于技术工作中的几个问题》的报告，阐述了在技术工作中存在的一些认识问题，并提出了解决这些问题的意见与建议。如贯彻聂荣臻副总理的指示，培养科技人员树立“三敢”（敢想、敢说、敢干）和“三严”（严格的要求、严肃的态度、严密的方法）的作风问题；设计工作中的继承性与先进性的关系问题；保证技术指挥线畅通，技术指挥员应有职、有权、有责的问题；等等；他都提出了明确的意见。他的这篇报告受到了聂荣臻、罗瑞卿副总理的赞扬。聂荣臻还亲自做了批示：“梁守槃同志的这篇讲话很好，提出一些很现实、很具体、很生动的问题……对我们科学技术工作的发展有重要的意义，很值得提倡。”梁守槃的这篇报告在国防部五院引起了很大的反响，并开展了广泛而深入的讨论，对航天科技队伍的思想、作风建设都产生了深远的影响。

在冲压发动机及以其为主动力的两种超声速、低空掠海飞行的反舰导弹立项及研制历程中，经历了多次坎坷和挫折，梁守槃认定冲压发动机是有良好应用前景的发动机，对中国的导弹与航天事业的发展颇有意义，他以坚韧不拔的毅力，带领科技人员不断前进。他顶着压力，冒着随时被戴上“反动学术权威”帽子的风险，在各种场合直言不讳地进行申辩和说明：“根据发动机技术的发展趋势，研制冲压发动机是有意义的。”“外国人下马，停止研制的项目，我们为什么跟着人家屁股后面跑。从理论上分析、计算，采用冲压发动机是可以实现低空超声速飞行的。”他还深有感触并铿锵有力地说:“科学研究，不能说有绝对把握再干。科学研究总是要有探索的，也可能有失败，但失败并不见得完全是坏事。技术发展方向和途径看准了，就不能轻易退让和改变，要坚持，坚持就会成功。”他在万般无奈的情况下，还上书直陈，向党和国家领导人申述。正是他的执着和坚持，加上广大科技人员的齐心协力、艰苦奋斗，使中国的冲压发动机技术终于进入世界先进水平的行列，“最令人惊讶的低空超声速反舰导弹”得以研制成功。

梁守槃是一位科技巨匠，又是一位从旧社会走过来的老知识分子，难能可贵的是，在工作和技术上都有自己的独立见解和观点，并能勇于坚持己见；他从不讲违心、迎合的话，即使是在“文革”的狂风暴雨下，也是如此，更没有当“风派”；他以一颗正直的心和坦诚的言辞，赢得了广大群众的尊重。在那法制荡然无存、动乱的“文革”时期，他算是很幸运了，只蹲过三天“牛棚”，上台被批斗过一次，住宅被抄过三次，其他就再没有什么大的冲击了。这主要得益于敬爱的周恩来总理对科技专家的保护。那是 1968 年，日理万机的周总理得悉材料专家姚桐斌惨遭不幸，十分悲愤，当即指示七机部军管会列出航天科技专家的名单，并予以保护，梁守槃就是被保护的专家之一。这是他在“文革”中免受更大冲击的主要原因。同时他的正直、坦诚和“软硬不吃”的倔强与刚劲，表里如一的性格，还赢得了广大群众，特别是广大工人的认同与好感，这与他免受冲击也不无关系。

1978 年 12 月，党的十一届三中全会胜利召开，重新确立了马克思主义的思想路线、政治路线和组织路线，做出把工作重点转到社会主义现代化建设上来的战略决策，确定了以经济建设为中心的方针和解放思想、实事求是的思想路线。随后，提出了“调整、改革、整顿、提高”八字方针。为贯彻落实中央提出的“八字”方针，七机部和八机总局对长远规划、近期计划、管理体制、任务分工等，都进行了研究、讨论。“文革”结束后，进一步焕发了活力和思维的梁守槃，对航天科技工业的管理体制进行了思考，从加强中国导弹事业的集中统一领导，避免重复研制、重复建设、重复购置，充分利用已有的科研生产设施设备与技术手段、科技成果和科技人才等方面综合考虑，建议七机部与八机部合并。他会同几位同志一起向聂荣臻呈送了报告，聂荣臻转呈邓小平，邓小平批示:“凡已成熟的事就抓紧办。”经过酝酿、研究和各项准备工作，1981 年 9 月，第五届全国人民代表大会常务委员会第二十次会议决定：为了贯彻“调整、改革、整顿、提高”方针，加强地空、海防等战术导弹和战略导弹研制、生产的统一领导和管理，将八机部和七机部合并。两部合并后，保留七机部名称。1981 年 9 月 28 日，七机部和八机部联合向国务院、中央军委上报了《关于第八机械工业部与第七机械工业部交接工作基本完成的报告》，从 1981 年 10 月 1 日起，八机部即停止工作，对上对下、对内对外行文以及各项工作，统一由七机部管理。至此，七机部、八机部完成了合并工作，中国的战略、战术导弹进入一个新的发展阶段。无疑梁守槃等呈送的报告，对七机部、八机部的合并起到了推动和促进作用。

在科研生产管理上，梁守槃不仅悉心研究管理体制和机构设置方面的问题，还潜心研究、总结导弹型号研制工作的经验教训，对型号研制的程序、管理办法和有关规章制度等，向有关领导陈述己见，旨在提高中国导弹科技工业的管理水平。

1984 年，在导弹定型飞行试验中的原始试验数据的提供与分析使用上，研制单位与海军发射试验基地几经协商，无果！ 1984 年 10 月 11 日，梁守槃奋笔疾书，亲自写信给海军司令员刘华清，直陈建议，最后使问题得以圆满解决。

现将梁守槃写给刘华清的信函记述于此，从中足可见他实事求是、理论联系实际的科学思想；忠诚事业，忠诚科学，而不去更多地顾及人际关系的坦率品格，科学求是的科学家精神。也彰显了他逻辑严谨、有理有据的思维。

刘司令员：

在武器定型工作中，有的同志认为："按照苏联的规定，试验基地只给出分析计算结果，不提供原始光测数据。"这样研制单位只能听候判断，对结论没有发言权。我们认为这种办法是有缺陷的。建议改为："各次定型试验的原始数据，由试验基地向有关定型及研制单位提供。分析整理工作，由试验基地负责。如果有关单位有不同意见，根据原始数据，以书面提出分析意见。请试验基地及其他有关单位共同审议，作出科学的结论。"

提出上述修改意见的理由如下：

一、中央已三令五申："实践是检验真理的唯一标准。"这当然是说："一切结论应符合客观事实。在分析工作中，虽然各单位职责不同，但在科学真理面前，应当是平等的。不提供原始数据，不利于从不同的角度，对导弹武器系统的性能和故障进行分析。"

二、有人认为："既然研制部门在定型过程中处于'听候判决'的地位，当然不能自己参与对自己的判决，苏联的规定是有道理的。"这是对苏联规定的曲解！"上游一号"的资料载明，弹的命中与否由摄影吊舱的照片判断，这个照片不需要复杂的分析，就可得到结论。研制部门完全可以根据照片，对光测弹道分析结果提出疑问和意见，并不是没有发言权。在1965年至1968年期间，我国的"上游一号""海鹰二号"的飞行试验分析，也是如此办的。后来，试验基地和三院共同商量，认为有了直升机的空中照相和长焦距相机的侧面照相，完全可以替代摄影吊舱照片。而且当时经常在夜间打靶，在海上捞取吊舱也有困难，因而把吊舱取消了。这当然意味着直升机的空中照相和长焦距相机的侧面照相，都是判断飞行情况的原始数据。现在把光测数据作为唯一的判断标准，又不允许研制部门接触了解、参加分析，与苏联的规定是有差别的，而且不符合“兼听则明”的原则。

三、有人认为：提供原始数据、容易引起争论，影响团结。我们认为：技术上的百家争鸣，必然有助于弄清事实的本来面目，促进国防现代化。既然大家是为了一个共同的革命目标而走到一起，绝对不会因为自己的错误被改正而心怀芥蒂。反之。如果每一个人都自命正确，又不能在同一原始数据的基础上互相交换意见，则将无补于消除隔阂。

四、有人认为：基地负责数据分析，已经多年，没有出现过问题，应不必画蛇添足。我们认为，试验基地的辛勤工作，确实取得了巨大的成绩，百分之九十以上的分析是基本正确的，但也不能说每次的结论都是对的。我们不打算一一列举来翻旧账，只以1984年7月15日的“鹰击六号”齐射中的情况作为例子，予以说明。

1. 7月15日齐射中的第一发的光测数据，试验基地直到8月中旬还说是“支离破碎，不能判读”。而到10月中旬又提出了相当完整的两大段分析数据，并口头声明（10月11日在航天部向程连昌副部长汇报时讲的），说是“经得起考验的，靠得住的，但三院无权了解”。然而，从分析报告中的数据看，则显然是有问题的。从过去几十发“海鹰二号”的飞行数据看（“鹰击六号”是将“海鹰二号”挂上飞机，其飞行性能是相同的），导弹与空气的相对速度都在310米 / 秒左右（Ma=0.91），没有例外。唯独这一次，在当日基本无风的情况下，飞行速度达到334米 / 秒（Ma=0.98）以上。从空气动力学的观点看，这是不可能的。其误差来源只能是出自“支离破碎”的光测数据的整理过程。如果把光测数据摆在桌面上，大家共同讨论，必然可以得到正确的答案。

2. 在打靶的第二天上午，曾在山海关放映直升机上拍摄的录像，国防科学

梁守槃在五院卫星厂

技术工业委员会聂力副主任和航天工业部刘纪原、鲍克明副部长及其他一些同志等，都亲自看过。当时参加观看的同志的共同印象是：录像清晰，靶舱轮廓分明，比例尺比较大。但10月11日，试验基地到航天工业部放映的经过剪接后的录像，则给人以影像不清晰的感觉。复制效果实在不佳。如果提供的是原来的录像，就可以从中得出一些有用的结论。

综上所述，向一切有关方面提供原始数据，只能对国防现代化有利，而把这些原始数据局限于少数人接触，则难免有“智者千虑，必有一失”的危险。因此，谨冒昧提出建议，请予审核示遵。

此致

敬礼！

梁守槃

1984年10月11日

抄报：张爱萍副秘书长、陈彬主任，国防科工委、航天部

梁守槃不仅关注导弹型号的研制、规划和科研生产管理等方面的工作，上书言事，直陈己见，还关注中国整个航天科技工业的发展，包括航天高科技产

梁守槃（右）与屠守锷（左）一起参观试验设备

梁守槃（右）与梁思礼（中）、屠守锷（左）一起参观展览

业和经济的发展，并上书中央领导，尽匹夫之责。1985 年 4 月 3 日，屠守锷、梁守槃、卢庆骏、张镰斧、陆元九、谢光选六位科技专家和领导，着眼于我国航天科技工业持续、健康发展，从富国、强国的高度，向中央提出了大力发展航天技术、为国民经济建设服务的建议。在这个建议中，他们列举了建议发展的运载火箭与应用卫星项目，提出了利用航天高新技术可发展和形成的高新科技产业，如计算机及其应用产业；应用卫星及卫星应用产业等。他们还建议应用中国导弹与航天研制中取得的科技成果，进行传统工业的技术改造，促进传

统工业的升级换代，如数控数显技术等。4 月 23 日，邓小平同志批示："我认为这是一个重要问题。"

随后，中共中央办公厅将这一建议和邓小平同志的批示转发给国防科工委和航天工业部等部门。1985 年 5 月 10 日至 6 月 27 日，航天工业部在北京军事博物馆举办了"航天工业部科技成果展览交易会"，展交会期间，多位党和国家领导人先后参观了展交会。展交会开幕时，聂荣臻题词："三十年攻关得硕果，继开航天新领域。"展交会期间,5 月 12 日，张爱萍题词："尖端科学，我自奋进，团结协作，不断创新。"廖汉生、周培源、陆定一、严济慈、宋任穷、肖克等领导也题词祝贺和鼓励。这一建议对发展民用高科技产业，为国民经济建设服务，发挥了积极的促进作用，大大推进了军民结合工作。

3. 实事求是 技术民主

梁守槃坚定地认为：导弹型号的研制工作是属于毛主席《实践论》中所论述的第二次飞跃的范畴，因此，在领导导弹型号研制工作中，必须坚持实事求是，注重实践，一切从实际出发，广泛开展技术民主的原则，走群众路线。2005 年 4 月，他在接受《现代舰船》记者采访时，就群众路线、技术民主及技术领导者的责任等做了阐述："群众路线不是说'谁说了算'，而是要通过广泛而深入的讨论，使真理愈辩愈明，从而找出正确的途径和方案，然后付诸实施。一个技术领导者应当就自己主管范围内的有关项目，在群众广泛讨论的基础上，通过自己的分析判断，做出决定并说明理由，并对结果负责。"

梁守槃认为，导弹武器系统的研制成功，是技术民主和理论联系实际的结晶。但技术民主绝对不是哗众取宠，不是对一切意见照单全收，也不是简单地相信群众的大多数，否则会造成人力、财力、物力和时间的浪费。梁守槃在 2003 年 11 月撰写了《航天技术工作回忆》，其中举了两个例子，说明技术领导者对群众的意见与建议，不仅要听，而且要有自己的分析判断。

其一，在某次批生产抽检飞行试验时，发射试验基地有人提出：导弹飞行中地球在转动，所以在射击方向变化时，弹着点与预定值会有出入。应当像弹道导弹那样，在射击指挥仪中加以修正。梁守槃认真听取了这一意见，进行了思考和分析，认为：弹道导弹主要是在大气层外飞行的，因而，地球自转会造成弹着点变化。而海防导弹是在大气层内掠海飞行的，导弹周围的大气随地球一起转动，地球自转不会对导弹的飞行轨迹产生影响。多次打靶也证明了这一点。他向提出建议者进行了解释，而没有采纳这一建议。

其二，海军的一位参谋提出，根据引进的苏联技术文件，“上游一号”打击的对象是排水量为 7000 吨的巡洋舰，靶试时所用的苏联的雷达反射体，当然也是具有 7000 吨舰艇的反射能量。但中国未来海上作战的主要对象是排水量为 3000 吨的舰艇。现有导弹的末制导系统是否合用，值得研究。应当另行设计较小的雷达反射体，进行飞行试验验证。梁守槃敏锐地指出：如果怀疑苏联雷达反射体的反射能量，可先进行测试，再确定苏联的雷达反射体是否合用。如果确定苏联的雷达反射体不合用，势必研制新的雷达反射体，对已有的导弹重新进行新反射体的靶试，工作量非同小可，所需经费将在千万元以上。所以应先对苏联的雷达反射体进行一些测试和试验。后来，海军和国防工办、国防科委、八机总局四个领导机关联合发文，指令三院设计、制造新的雷达反射体，以进行新反射体的导弹飞行试验。梁守槃收到这一指令后，内心充满了矛盾，照此指令办顺理成章，但他冷静地思考后认为这样做太草率，是对人民财产不负责的表现。他冒着被戴上“目无领导，独断专行”帽子的危险，毅然将这四个领导机关联合下发的文件暂时扣住，同时按照组织渠道向领导机关申述，请求先进行苏联雷达反射体反射能量的测试，并提出了测试的方法。后来，梁守槃的意见经副总参谋长刘华清的同意，并通过海军发射试验基地张卓司令员，利用基地已有的条件组织了海上试验。测试结果表明，苏联的雷达反射体的反射能量只相当于一艘排水量为1000吨的舰船，这一争论才得以解决，没有研制新的雷达反射体，更没有进行现有导弹针对新反射体的飞行试验，避免了不必要的浪费。

梁守槃认为，走群众路线、发扬技术民主，不是一个简单的解决谁说了算的问题，而是要通过广泛而深入的讨论，寻求正确可行的途径和方案，然后付诸实施。有人说他喜欢争论，其实这只是表象，他多数时间是沉默静思的，而当遇到科技问题和科技管理上的问题，尤其是在他分管的技术工作范畴中时，他都会直言不讳地发表自己经过深思熟虑的意见与建议，他坚信真理愈辩愈明，所以他不仅提出个人的见解，并靠深厚的技术理论功底和丰富的实践经验，同持有不同意见的人进行心平气和的讨论。尤其值得称颂的是，他作为一位科技大家，讨论时从不怕丢面子，更不怕自己的意见被别人驳倒。因为他懂得人类的知识总是由不知到知，自己的意见错了或被驳倒，会从中得到裨益。他在谈到这个问题时，还深有感触地举了两个例子，说明人类对科学和知识认知的过程，错了或被驳倒是正常现象，而真理是愈辩愈明。第一个例子，“热”到底是什么？在中世纪时，人们认为热量为一种热素，热素烧完了它就不热了，即热素学说。后来，这一学说被驳倒了。其实，热是能量的转换，热是能量的一种形式，而不是热量热素。第二个例子，是关于光学问题，光到底是粒子还是波动？物理学上对光有多种学说，有的说光是光波，也有的说光是粒子。在某些现象之下，不承认光是光波不行；而在另一些现象中，不承认光是粒子也不行。所以，光到底是光波还是粒子，两种说法同时存在，谁也没有驳倒谁。他正是基于这些认知，极力主张并积极践行在科技问题上开展广泛而深入的讨论，以达到集思广益、集智攻关、创新发展之目的。

更为难能可贵的是，梁守槃的超强记忆力只用来记忆讨论和争论的问题及关键的内容，而从不去记忆同他讨论、争论问题的人，特别是同他有不同意见的人，因为他丝毫没有想去报复这些人和秋后算账之意。在科学技术进步奖等科技奖励评审、技术职称评定、中国科学院院士和中国工程院院士推荐等工作中，他都按照公平、公正的原则和实事求是的精神，褒奖和称赞同他争论过的同志，特别是对同他持有不同意见的同志，他认为这些同志肯于动脑、勤于思考，这是科技工作者的美德。同他讨论和争论比较多、比较激烈的同志中，有的还成为了他麾下的科技领导和科技骨干，共同为中国的导弹事业而奋斗并作出了突出贡献。

4. 钻研理论 注重实践

熟悉梁守槃和同他共事时间比较长的同志，都一致认为梁守槃是一位嗜书如命、肯于钻研、勤于思考、善于推演、深入实际、注重实践、信奉实践是检验真理唯一标准的科技大家。而且，他还能熟记马克思、恩格斯、列宁、斯大林、毛泽东等伟人的经典论述，并能对党中央、国务院、中央军委下发的重要文件的关键内容倒背如流。所以，在讨论有关科技问题或科技管理工作时，他的发言总是观点鲜明、引经据典、论据充分、有理有据。

梁守槃十分清楚“根深才能叶茂”“十年树木，百年树人”的深刻寓意，早年，他在从事航空发动机教学和航空发动机仿制、设计工作中，始终注重有关科技理论的研究，在搜集、学习、研究大量技术文献的基础上，编撰了多部专著和多篇科技论文，成为中国航空发动机专业的经典著述。如：他在《清华大学工程季刊》1941 年第 4 期上，发表了《星型发动机气阀的振动》；在《航空机械》1943 年第 7 期上，发表了《涨圈外形的研究》；1948 年，商务印书馆出版了他的专著《发动机动力学》；在《科学世界》1948 年第 5 期上，发表了《喷气发动机理论》；1951 年、1952 年，商务印书馆相继出版了他的专著《内燃机》和《气轮机》；1952 年，商务印书馆出版了他的专著《飞机发动机设计》。在中国人民解放军军事工程学院空军工程系任教期间，尽管教学和科研工作异常繁忙而紧张，他还是亲自编写了《热力学》讲义，并撰写了论文《叶轮机中的气流速度分布》，后于 1956 年发表在中国力学学会出版的《力学学会论文集》上。

在从事导弹型号研制工作中，他非常注重应用有关的科技理论开展研制工作。例如，1967 年，他应用有关的力学理论，亲自推导公式，计算了发射架导向梁的受力情况，决定锯短导轨，解决了“海鹰一号”发射试验中的故障。接着，他从天线回调角和空气动力学中攻角等概念出发，亲自推导导弹的运动公式，提出根据导弹的风洞吹风数据，确定导弹的平飞攻角，并由此确定雷达天线的轴线与导弹弹体轴线之间的夹角（即天线回调角）的意见，并提出了天线回调角应随导弹的战斗射程而改变的意见。据此，向雷达生产厂提出了修改原来任务书的要求，从而解决了导弹提前俯冲入海，而未命中目标的故障；在鹰击一号和海鹰三号两型低空超声速反舰导弹的飞行试验中，梁守槃根据《国际自动学会论文集》中登载的计算方法，应用飞行试验中获得的遥测数据，计算舵机有关回路的传动比，确定了新的舵机系统的调整方案，解决了这两型导弹飞行中弹体振动的问题；针对“海鹰三号”“鹰击一号”研制中出现的推力与阻力不平衡的问题，经过冥思苦想、潜心研究，他认为苏联的数据处理方法，根据光测的弹道数据，经过二次微分获得的导弹加速度，放大了原始数据的误差，再根据这个加速度确定冲压发动机的尺寸，所设计的冲压发动机的推力误差自然就大。他提出用遥测数据的过载值进行二次积分，计算导弹的加速度，即可避免这一误差过大的问题，应用遥测过载值二次积分确定导弹加速度，进而提出所需的冲压发动机的尺寸，再设计新的冲压发动机，从而解决了这两型导弹的推力与阻力不匹配问题。

梁守槃在应用有关科技理论进行导弹型号研制的实践中，还不断地进行总结，使之得到升华。如他在《力学学报》1978 年第 2 期上，发表了科技论文《复式减振支架的分析》；在《战术导弹技术》1986 年第 3 期上，发表了科技报告《用最小二乘法计算加速度》；在《战术导弹技术》1988 年第 2 期上，发表了《大气折射对光测弹道高度的影响》。他还研究和总结了科研生产管理的实践经验，撰写成文。1988 年，他为航天部出版的《航天事业三十年（1956~1986 年）》（科技经验篇）文集撰写了《产品研制中的几个问题》；1989 年，他为国防工业出版社出版的《回顾与展望（1949~1989 年）》撰写了《海防导弹的发展》。通过

1988年，梁守槃（前排左二）出席航空航天部第一研究院第一总体设计部建部30周年庆祝活动

这些论文、报告的撰写，他总结了多年的实践经验，使之升华为理论，这一飞跃将更有利于指导今后的实践，同时也为广大科技人员提供借鉴和参考，有利于科技队伍的培养和提高。

他积极倡导并鼓励科技人员通过实验和实践验证有关的理论分析与计算，进而积累知识、增长才干。但他也旗帜鲜明地反对那种忽视理论分析计算而盲目进行实验的现象。凡遇下属提出此种实验要求，他一律不予批准。因为他有责任把关，他从心底里珍惜人民的资金。诚然，他的决定往往会引起有关人员的不满意，甚至是争吵，更有甚者说："你别拿公式唬我们，我们不懂！"每当遇此情况，他仍是沉稳，不动声色，十分严肃地引用列宁的话："不能把无知当论据"。还引用毛主席的论述："没有文化的军队是愚蠢的军队，而愚蠢的军队是不能战胜敌人的。"说得对方哑口无言。事后，梁守槃总是坚信："这些同志会想明白的。"同时，他也为自己作为技术指挥员尽了应履行的职责而感到欣慰。

一种倾向掩盖另一种倾向，他既反对不重视理论分析、计算，盲目进行实验和实践的倾向，也反对那种本本主义、脱离实际的倾向。他认为理论不结合实际就是空洞的理论，用空洞的理论去做事情，一定做不好事情，而且还会给人民的财产造成损失和浪费。如何纠正少数科技人员过分热衷于理论而轻视实验和实践的倾向，他确实是煞费了苦心。他考虑到若用美、英等资本主义国家的例子，可能不易被新中国自己培养的知识分子所接受，会被认作崇洋。偶然间他读到了苏联的《一个飞机设计师的故事》，讲的是苏联著名航空专家图波列夫的故事，他颇受启发。在给年轻的科技人员讲课时，他针对理论脱离实际的倾向，引用了图波列夫的原话:“学习飞机设计专业的大学生，在大学三年级以前，就可能把这辈子在航空领域所用的公式全学过了。但请记住，如果认为掌握了这些公式就可以完成设计飞机的任务，那就大错特错了。这些只掌握公式而没有结合实践的青年所设计的飞机与成熟、有经验的设计师所设计的飞机会有一点儿不同，就是一个会飞，一个不会飞！”这一段生动而幽默的论述，给年轻的科技人员留下了深刻的印象。

梁守槃认为，导弹型号工程的研制属于应用科学技术范畴，是现代科学技术理论成果、工程技术成就的高度集成与综合运用。任何一个好的设计，必须选择适用的原材料、元器件，通过科学的工艺、生产技术，才能生产出合格的产品，而且这一产品必须经过试验，包括飞行试验的检验。所以，科技人员必须深入实际，深入科研生产第一线，并紧密结合中国的实际，不断地从实践、从科研生产第一线的工艺人员与工人中汲取新的知识营养，才能在导弹型号工程研制中有所建树。

梁守槃笃信理论来源于实践，始终不渝地坚持“实践—理论—再实践—再理论”并且无限反复的认识事物的规律。早年，他在从事航空工程、航空发动机教学工作中，首先是抓航空发动机试车台、风洞等试验设施设备的研制与建设工作，他身体力行，亲自设计，亲自主持。

在决定研制液体冲压发动机时，他将试验设备的研制和试验设施建设作为工作的起点和突破口。作为中国最早从事冲压发动机研制工作的科技人员之一的刘兴洲院士，清楚地记得 1957 年从北京外国语学院留苏预备部被分配到国防部五院后，梁守槃教授向刘兴洲交代：中国要开展冲压发动机研制，它是超声速导弹的主要动力，在中国目前还是空白，要开展冲压发动机研制工作，首先要研制试验设备。梁守槃分配刘兴洲和另一位同志开始筹建试验设施，进行计算、设计、绘图。1961 年建成了中国第一座空气喷气发动机试验室。随后，建成了冲压发动机试车台和涡轮泵试验室。正是由于梁守槃、刘兴洲等的积极倡导和领导、身先士卒，三院才能依靠自己的力量建成了中国第一座现代化的空气喷气发动机试验室，为应对复杂的环境、气候条件的要求，仅空气喷气发动机高空试车台就修建了三座。1979 年，美国一家著名的冲压发动机公司的高级专家们来中国访问时，计划给三院 31 所讲授冲压发动机概论。当参观了三院空气喷气发动机试验室后，这些美国冲压发动机技术专家觉得原来准备的讲稿已拿不出手了，没想到中国对冲压发动机的研究已具有了相当的水平，并取得了巨大的成就。美国专家风趣地说：“下次该邀请中国的冲压发动机专家到美国去作报告。”这些足可见梁守槃注重实践、注重试验的学术技术思想。

梁守槃领导、主持和参加研制的中国飞航式海防导弹主要有三个系列：以液体火箭发动机为主要动力的系列，包括上游一号舰舰导弹、海鹰一号岸舰导弹、海鹰二号岸舰导弹、鹰击六号空舰（地）导弹、海鹰二号红外弹（“海鹰二号甲”）、海鹰二号降高弹（“海鹰二号乙”）等；以固体火箭发动机为主要动力的系列，包括鹰击八号舰舰导弹及其系列导弹，有潜舰、空舰（地）等各型导弹；以冲压发动机为主动力的低空超声速导弹，包括小射程的鹰击一号低空超声速导弹和大射程的海鹰三号超声速导弹。在这些导弹型号的研制与飞行试验中，他都是身先士卒、率先垂范，深入到科研生产第一线，亲自审查设计图纸，察看光测、雷测的外弹道数据，判读遥测数据，特别是在故障分析和解决重大技术关键时，他更是亲自察看试验现场、察看实物，以光测和遥测数据为依据，进行分析和推演，提出自己的分析判断意见和解决问题的措施。正是由于他具有坚实的基础理论、专业理论造诣，并能够紧密结合实际，因此，他所提出的意见和见解都是正确或接近正确的，对各型导弹的研制成功发挥了举足轻重的作用。

20 世纪 80 年代，有人在一篇文章中写道：“某导弹在靶场进行飞行试验，连续发射 3 发导弹都失败了，一时又分析不清什么原因，参试人员束手无策。梁守槃来到现场，围绕发射架转了三圈，提出将发射架前边锯掉 1.2 米。照此办理后，再进行导弹的发射就成功了。”他看到后，颇有不悦：“我又不是神仙，也只能是遵循实践—理论—再实践—再认识的规律去探索、分析。我到现场后，详细地询问了飞行试验中导弹离轨时的情况，了解了发射架导轨刚度试验的数据，应用有关的刚性与弹性振动的理论进行了分析计算。那次计算搞了整整一夜，直到天亮才有了结论。最后才提出将发射架导向梁的导轨前边锯掉 1.2 米，使导弹的前滑块离轨时，助推器的喷流开始压在导向梁的尾段，产生抬头力矩，以减轻导向梁因前滑块离轨后的反弹倾向，从而避免雷达在弹内的大幅跳动。”他还说道：“当时我将我的计算结果及建议提交南昌 320 厂和三院的试验队后，请大家讨论，有人同意，有人怀疑。但鉴于前 3 发发射失利的现实，又没有人提出其他解决方案，因而决定锯短了导轨。”锯短导轨后，导弹的发射均获成功。

梁守槃深入科研生产第一线，现场解决产品设计和生产问题的例证不胜枚举，特别是“文革”动乱时期，技术工作的极端民主化和无政府思潮泛滥，他不是采取明哲保身、得过且过的做法，而是挺身而出，维护科学的尊严。例如，1971 年，在海鹰三号助推弹飞行试验中，出现了电爆活门和高压气瓶爆炸的问题。他拿出以往的会议记录和设计图纸，有理有据地指出：没有执行前次会议决定的加大电爆活门强度是造成事故的主要原因。最终达成了共识。后来决定取消高压气瓶，电爆活门也连带被取消。他同科技部的同志一起到总装车间检查，发现冲压管未接入需要高压空气的管道，并找来设计人员当场予以纠正。

5. 忠诚事业 敢于担当

在梁守槃的一生中，特别是在“文革”特殊的历史时期，他有一段招牌式的话：“你们照我的意见和决定办，出了问题我负全责，撤职、坐牢、杀头我毫无怨言。如果你们不按我的意见办，出了问题，你们不会让我负责，也不应该让我负责，我也负不了这个责。”他一生中就是按着这个原则分析、判断和处理自己分管的各种技术问题，充分显示了他敢于决策、善于决策、敢于担当、勇于负责的精神。1960 年，我国仿制苏联 P-2 液体近程弹道导弹的工作即将完成之时，苏联来华帮助我国仿制导弹的专家提出：中国生产的液氧未经过考验，最好还是向苏联采购，用铁路槽车或公路槽车运来，以确保发射成功。随着中苏关系的破裂，赫鲁晓夫单方面撕毁合同，撤走援华的全部专家，停止向中国提供各种军用器材，包括液氧、不锈钢等。国产液氧能不能用，成为 P-2 导弹仿制工作能否继续进行的关键。当时国内也有人认为这个问题应予以重视，更有人认为中国生产的液氧杂质多，可能引起爆炸。时任发动机燃烧过程研究所所长梁守槃则明确表示：中国生产的液氧完全符合苏联资料的技术条件，当然可以用。液氧验收的数据已写明杂质含量，可以作一个简单的计算，把一台发动机所用液氧的全部杂质都集中在一起，让其全部同时氧化，所产生的气体也不会引起过大的压力增加，何况这些杂质绝对不可能集中在一起。他挺身而出，理直气壮地在领导面前立下军令状："我以我的项上人头担保，国产的液氧绝对可用。" 1960 年 9 月 10 日，经过拆装练兵而又重新组装的 1 发 P-2 导弹在酒泉导弹试验基地进行飞行试验，所使用的推进剂液氧、酒精和过氧化氢，分别是由兰州化学实业公司、北京酿酒总厂和天津东方化工厂试制生产的。这次飞行试验获得成功，检验了基地的发射设施、设备，训练了发射操作人员，为仿制和发射“1059”导弹奠定了基础。此后，“1059”发动机试车和发射全部采用国产推进剂。1960 年 11 月 5 日，中国仿制的第一发“1059”导弹采用国产推进剂在酒泉导弹试验基地发射成功，导弹飞行正常，弹头命中目标区。至此，国产推进剂的使用问题得以圆满解决。

事后，聂荣臻副总理风趣而又寄予希冀地对梁守槃说：“即使国产液氧不成功，也不会要你的人头，对这颗头还要好好保护，去干一番事业呢！”

还如解决高压容器的问题，也可见他的认真负责、敢于担当的精神。如前所述，在中国液体弹道导弹事业初创之时，根据苏联的技术文件，液体弹道导弹的液体火箭发动机试车台，需要存储硝酸和过氧化氢的高压容器，这种容器既要耐高压又要耐腐蚀，要用不锈钢制造。当时中国自己还不能生产不锈钢，原来向苏联订购的不锈钢被赫鲁晓夫禁运了，西方国家的“巴黎统筹委员会”也禁止向中国出口不锈钢。这样，液体火箭发动机试车台的建设工作无法进行。国防部五院将解决这一高压容器的任务交给了发动机燃烧过程研究所。时任发动机燃烧过程研究所所长梁守槃领受这一任务后，绞尽脑汁，冥思苦想，他平时就善于观察、勤于思考，他联想到，篮球、排球、足球和汽车、自行车的轮胎等，不都是两层结构吗，里面是具有一定弹性和韧性的内囊，外层是耐磨的皮革或橡胶，两种材料结合起来使用，两种性能兼而有之，两种材料各自发挥其特长。于是他提出“耐高压、耐腐蚀的容器罐采用双层结构，内胎采用具有较好的耐腐蚀和可塑性的纯铝，外壳采用耐高压的高强度合金钢材料”的设想。经批准后，他制定了设计方案，由陶汉铭同志进行图纸设计，并制作了缩比模型，进行了耐高压、耐腐蚀试验，获得成功。梁守槃向国防部五院王诤副院长提出书面报告，继续进行试制、试验。这一次容器破了，王诤副院长对梁守槃讲：“你们设计的容器，加压后内胎就破了，能用吗？”梁守槃对破损容器进行了分析，对加工过程进行回顾调查，得知有人私下更改了设计，他斩钉截铁地说：“不经我同意就改我的设计图纸，出了问题，我不能负责，按我的原图制作，不会有问题。”于是再次按原图制造、试验，取得了成功。这一科学而睿智的简单设想解决了当时的燃眉之急，成就了中国液体火箭发动机试车台的建设。

梁守槃的爱国敬业、履职尽责，不仅表现在他潜心致力于航天导弹工程的研制，无私、无欲、无畏，敢于负责、敢于担当，更为可贵的是他进入古稀、耄耋之年后，仍以拳拳报国的赤子之心，拼搏奋进、笔耕不辍，心系国防科技事业的发展和祖国军事、经济强大，建言献策，期盼祖国富强、中华复兴。

1997年，进入耄耋之年的梁守槃，从心底里赞赏改革开放、搞活经济的大好形势，他的思维不仅局限于航天技术问题和航天科技工业的管理问题，

1985年，在国防科技工作会议上，梁守槃（左）与丁衡高（右）亲切交谈

梁守槃（中）与曾庆来（左）
在酒泉卫星发射中心考察

而且关注关系到国家经济、国防、科技兴旺发达大局的重大问题。1998 年 1 月 1 日，他在《中国科学报》第一版院士论坛栏目中，发表了《自力更生，自主创新》一文。在文章的一开头，他就鲜明地写道：“60 年代，我国靠自力更生渡过了困难时期以后，又依靠自己的力量相继研制成功了各类导弹、原子弹、氢弹、人造地球卫星……这不仅是能力和水平的体现，更反映了国人的一种精神状态。自力更生、自主创新，此乃强国之根本。”接着，他论述了在建设现代化强国的进程中，必须坚持自力更生、自主创新。他还列举了美国、日本、德国汽车工业的起步与发展的实例，他指出：“你的产品有无竞争力，不能仅以发展时间的长短而论。取人之长，通过自主创新增强竞争力才是真谛。一味跟踪就意味着落后，落后就被动，被动就要挨打。”

梁守槃在文中语重心长地写道：“自力更生并未过时。在开放的形势下，有人把重点放在‘引进’上，鼓励吸引外来资金，或者自备外汇，花钱引进外国的生产技术。若是运用得当，的确可以在短期内取得一定效果，但这不可能是长远之计。外国资本家看中的是中国市场，当然乐意推销他们的一些产品及其生产技术，但‘猫不教老虎上树’。”最后，他强调：“自力更生首先是必要的，

20世纪90年代，
梁守槃在办公室

其次是可能的，同时还要从改革管理制度入手，机制上要有利于促进自力更生、自主创新。如果把自力更生、自主创新真正落实到政策上、行动上，我们的很多事情可能会办得更好。”

文章很短，但寓意深刻，意义重大，不仅彰显了他忧国忧民的爱国情怀，更倾诉了他的心声，中国要建设成为经济、国防、科技的强国，必须坚持自力更生、自主创新。

2001 年 7 月 9 日，年高 85 岁的梁守槃还在《光明日报》上，以醒目的“国防科技不要盲目跟踪”的标题，发表了一篇文章。指出：“一个国家的声威，是由它的经济力量和武装力量来决定的。从汉唐开始到 18 世纪，中国的经济力量一直名列世界的前茅，是四大文明古国中最为强大的一个。但随着西方工业革命的发展，中国的生产力逐渐落后了；在武装力量方面，火药虽然是中国发明的，但由于科学技术的发展未受到应有的重视，再加上‘先王禁奇技淫巧’的谬论盛行，才导致了鸦片战争以来的多年受欺凌的历史。总结历史，经济和国防的强大，是弘扬国威的一个重要环节。”

他还独具见地地写道：“国防现代化，不能理解为‘别人有的，我们也要有’，更不能一听到某些国外的宣传报道，就马上相信，急起直追。例如，美国人为了它的军事工业集团的利益，提出投资 12 亿美元对 SDI（星球大战计划）作可行性论证。前苏联就有人提出大量投资，进行军备竞赛，其结果造成经济上的重大创伤。”他还在文中列举了其他的例证：“美国为了安抚以色列和阿拉伯地区的国家，谎称‘爱国者’导弹可以有效地拦截‘飞毛腿’，很多人信以为真，让美国的军火商发了一笔横财。”他还列举了非军事领域的实例：“美国人曾大肆宣传用核聚变取得无限量的能源，也引起了相当的浪费。”他在文中中肯地提出：“我们的国防现代化，绝不可以盲目跟踪，必须考虑我国的需要，同时要认真分析技术上的可能性，做到需要与可能相统一。”

他在这篇文章中，批驳了“以跟踪工业先进国家为满足，将赶超看作是好高骛远，将引进看作是唯一出路”的思想，他极力主张创新、赶超，才能避免出现落后挨打的局面。

他对国防武器装备的创新和国产化更是十分关注。他撰写了《新武器的发展——武器指标如逆水行舟，不进则退》文稿，文中明确地提出：“一个国家的声威，是由其经济力量和武装力量来决定的。”他特别指出：“海湾战争更表明在现代战争中，武器装备的重要性。同时，我们也应看到，科学技术的发展是无止境的，今天的先进武器，几年后就可能相对落后。伊拉克虽然购买了西方国家的先进飞机，但在美国更为先进的强大空军的压力下，伊拉克空军只能飞往邻国‘避难’。没有独立的科技力量和创新能力，想去买一个国防现代化，是不现实的。”接着，他就国防武器装备的研制工作，提出了具体的有针对性的意见和建议，其中谈道：“在研制试验过程中，使用方及工业部门的上级领导，应给予总设计师技术安排的全权，同时考察其阶段性成果，对出现的不正常现象要督促设计者作出答复。”他还强调：“权责统一，明确奖惩，不越俎代庖。主要目的在于明确责任，同时避免浮夸欺骗，防止出现‘钓鱼工程’。”

除此之外，他还撰写了《关于武器创新》《谈创新》《关于武器国产化的建议》《论“国威”——有所不为而后可以有为的一项关键》等署名文章，在这些文章中，他总结了几十年来从事导弹型号工程研制工作的经验与体会，切中时弊，提出了中肯而具有针对性的意见和建议，字里行间都渗透着他心系航天、关注国防、全心全意为祖国服务的赤胆忠心。

6. 淡泊名利 甘于奉献

梁守槃热爱祖国，忠诚事业，追逐科学，同时，是淡泊名利、视名利为过眼烟云的一位高尚的人。他在几十年的航天生涯中，所获得的荣誉与奖励颇多。1964 年，在全国工业新产品展览会上，他领导并参加研究成功的液体火箭发动机新的燃烧剂——偏二甲肼、研制成功的既耐高压又耐腐蚀的双层容器两个项目，分别获得国家科委授予的一等奖和三等奖。1984 年 10 月，因梁守槃在发展航天事业中的贡献突出，荣立航天部一等功。1988 年 7 月，他作为主要完成人之一完成的鹰击八号反舰导弹，荣获国家科学技术进步奖特等奖。1989 年 11 月，为表彰他在航空航天工业物质文明建设和精神文明建设中作出的突出贡献，航空航天部授予其劳动模范称号。1991 年 10 月，为表彰梁守槃为发展我国科学研究事业作出的突出贡献，国务院特决定从 1990 年 7 月起发给政府特殊津贴并颁发了证书。1992 年 9 月被航空航天部批准为航空航天部有突出贡献的老专家；1993 年 10 月荣获中国航天工业总公司颁发的“航天创业荣誉证书”；1994 年 8 月荣获求是科技基金会杰出科学家奖。每当获得奖励或荣誉，他总是既淡定又感激，之所以淡定和感激，是因为他十分清楚，航天科技工业的每一项成果和成就都是航天科技群体集智攻关、团结奋斗的结果，自己获奖应该是科技群体的代表，是对自己有效劳动与贡献的认可与鼓励，他总是暗下决心，百尺竿头更进一步，更好地为祖国、为人民服务，贡献给中国航天，助力于中

1994年，梁守槃（右二）获求是科技基金会杰出科学家奖，与任新民（右一）、屠守锷（左二）、黄纬禄（左一）合影

1994年8月22日，求是科技基金会杰出科学家奖颁奖会合影

国航天兴旺发达。

梁守槃1961年7月加入中国共产党，曾当选为第三、四、五届全国人民代表大会代表，中国人民政治协商会议第三、六、七届全国委员会委员，中国共产党第十二次全国代表大会代表。

梁守槃在国内外学会、学术团体中也多有兼职。1956年，他当选为中国力学学会常务理事，后为名誉理事；1964年—1984年，一直担任中国航空学会第一、二届理事会副理事长；1978年，当选为中国工程热物理学会副理事长，

1993 年当选为理事长；1979 年 10 月，当选为中国宇航学会第一届理事会副理事长，1986 年当选为第二届理事会常务理事，1993 年当选为第三届理事会名誉理事长；1980 年 11 月，当选为中国科学院技术科学部学部委员（后称院士、资深院士）；1985 年 10 月，在国际宇航联合会（IAF）第 36 届大会上，作为首批中国科学家当选为国际宇航科学院（IAA）院士；1988 年，被美国国际空间大学创办者协会聘任为初始会员。

梁守槃将这些社会兼职和学会、学术团体的兼职，视为党和人民、科技界有关同行和广大航天工作者对自己的信任，对自己的学术水平、科技工作的认同，是一种责任和使命。因此，他对每项兼职都是尽职尽责。全国党代会代表、全国人大代表、全国政协委员的工作，关系到党和国家的大局和全局的利益，是崇高的工作，为此，他竭尽全力，履职尽责，建言献策。对于学会、学术团体的兼职，他认为这些团体的工作关系到相关科技领域的发展，关系到中国科技事业的兴旺发达，因此，他在自己职责范围内，积极地开动脑筋，出主意，想办法，对有关的科技规划、技术发展方向和途径等，提出意见和建议。特别是他在中国科学院院士的任上，更是惜才如金，积极而实事求是地荐举有关科技人员，以提携后辈，育才树人。

在中国航天和核科技工业系统，有一件最令人瞩目的事。1999 年 9 月 18 日，在中华人民共和国 50 周年华诞前夕，中共中央、国务院、中央军委决定，对为研制“两弹一星”作出突出贡献的 23 位科技专家予以表彰，并授予于敏、王大珩、王希季、朱光亚、孙家栋、任新民、吴自良、陈芳允、陈能宽、杨嘉墀、周光召、钱学森、屠守锷、黄纬禄、程开甲、彭桓武（以上名单按姓氏笔画排序）“两弹一星”功勋奖章；追授王淦昌、邓稼先、赵九章、姚桐斌、钱骥、钱三强、郭永怀（以上名单按姓氏笔画排序）“两弹一星”功勋奖章。决定中还指出：“这 23 位科技专家是中华人民共和国的功臣，是老一辈科技工作者的杰出代表，是

1994年，航天系统总设计师合影（前排右二为梁守槃）

新一代科技工作者的光辉榜样。”“航天四大老总”中的任新民、屠守锷、黄纬禄均获此殊荣，而梁守槃没有获得。

梁守槃十分清楚“两弹一星”功勋奖章这一奖项的重大意义和分量，对此事也必然有自己的想法与看法。中国航天科技集团公司领导代表集团公司党组，在颁奖大会后看望梁守槃。梁守槃对造访者的来意心知肚明，寒暄过后，直截了当地开了口：“‘两弹一星’功勋奖章这一奖项意义重大，影响深远，我对23位获奖者表示祝贺与敬佩。”略停了一会儿，他接着说：“确定获奖者是一件复杂而细致的工作，核与航天，各大单位，包括国防科工委、原航天工业部、原核工业部，航天的各院之间，健在者与已故者之间，都有一个综合平衡问题。名额有限，总得切一刀，这一刀切在我梁某人这儿，倒是好事，后面一些人，如蔡金涛、庄逢甘、梁思礼、陆元九、杨南生、谢光选等，这些人的工作就好做了。

同时，航天系统与核工业系统、中国科学院系统之间，也容易取得平衡了。”他还特别向来访者背诵了杭州灵隐寺的两句偈语：“人生哪能多如意，万事只求半称心。”在场的人听了梁守槃的一席话由衷地为之震惊和感叹，异口同声地赞扬这位老科学家淡泊名利的高风亮节，这一席话也充分地彰显了一位共产党员和老科学家的本色与底蕴。他还就中国航天未来的发展与兴旺发达、自主创新与自力更生等话题，倾诉了意见和建议。梁守槃真称得上“老骥伏枥，志在千里”！

7. 知遇之恩 终生动力

人生难得几知己，在梁守槃的人生历程和科技生涯中，承蒙多位领导、师长的关心呵护，源源不断地为其前行、进取提供动力。知恩图报，梁守槃总是念念不忘这些知遇之恩。最具代表性的是哈尔滨军事工程学院院长兼政治委员陈赓大将、分管国防科技工业的副总理聂荣臻元帅，以及给予航天科技专家特别关照和保护的周恩来总理。

1952 年 10 月，梁守槃正在南京参加华东航空学院组建工作，突然接到调赴哈尔滨军事工程学院的调令。11 月初，他同其他被调赴的人员一起，从上海出发，一起乘车到哈尔滨，即被任命为空军工程系航空发动机教研室（102 教授会）主任。工作几个月后，他对学院的工作环境不满意，认为工作难以开展。随即，写了一份报告给陈赓院长，要求调回南京。

陈赓院长对梁守槃所提的意见非常重视，专门请他到办公室，让他畅所欲言，谈了一个上午。梁守槃的主要意见是：其一，我不是对个人的职位不满，而是对一些行政人员对教员的看法有意见，感觉工作困难。例如，经常可以听到一些干部说：“教授和保姆们……”；宿舍的管理人员还动员一些教员家的保姆，与女主妇分庭抗礼，说：“你为什么要听她的（女主妇）？”（他的爱人未到哈尔滨，以上还只是别人家的事）。可以设想，如果一个教员家中总是小孩哭、大人嚷，这个教员怎么能安心备课和进行研究、搞设计呢！其二，一些人员认为教员的身份和保姆相当，则学员对教员的看法，也就与家中小孩对保姆的看法相似。将教员看作是一批理论脱离实际的空谈者，又怎么能使学员们虚心向学、认真听课呢？年长的教员是雇佣人员，又怎能领导助教和试验员，搞好工作（编写讲义，设计、建设试验室），在陈院长的领导下，做好自己的本职工作呢？其三，在一些讨论教学工作的会议上，我们根据自己多年的教学经验，提出的建议往往被认为是"资本主义国家的一套"，不予考虑。反而怪我们"多话"。苏联专家来了，所提意见内容与我们过去所提的意见大体相同。于是又从头搞起，并说是应学习苏联的先进经验。但中国教员的建议仍然被扣上"资产阶级思想"的帽子，还要求他们"应当好好学习苏联的先进经验"。

陈赓院长平易近人，态度和蔼，认真倾听梁守槃的意见，很少插话，听后做了寓意深长的答复：第一，中央决定成立军事工程学院，目的在于为国防事业培养人才，绝对不是把教员作为保姆看待。在旧社会，家馆先生也一直是作为客人看待的。一些干部对教员的看法不正确，应当予以批评纠正。但这些老干部作战多年，有些人还是军长、师长，有时对老教授们不够尊敬，你们也应当谅解（梁守槃当即插话说：院长言重了，我只是希望我们努力工作的心情能得到谅解。）第二，当你们有某些建议不符合我们原来的设想时，我们可能会对这些建议者有反感。如果你们认为自己是对的，可以在思想上坚持，但不要在行动上反对。当事实的发展证明你们的意见正确时，我们会改过来，而且不会忘掉原来提正确建议的人。以后，你们如有建议，可以随时提出，只要对工作有益，一定采纳。第三，我们调专家来军事工程学院，不仅仅为了要你们教书，将来还要按每个人的工作表现，调到有关国防工业部门和部队机关工作，促进我军的机械化、现代化发展。希望你们在工作中认真学习苏联的先进经验，将其发扬光大。第四，现在的地方政权成立不久，存在着很多不能令人满意的地方，有的甚至还很严重。但一切错误和缺点，必然会得到改正，不能过急。

陈赓院长讲了近两个小时，这一席诚恳而真挚的讲话，使梁守槃深受感动和启发，尔后再也没有提出调动工作的请求。

在哈尔滨军事工程学院创建时期，梁守槃直接聆听了陈赓推心置腹、坦率诚恳、寓意深刻、富有哲理而又幽默的讲话，目睹了陈赓大智大勇、机动灵活的组织指挥才能，光明磊落、顾全大局的宽广胸怀，审慎果断、镇定自若的大将风度，开朗豪爽、豁达乐观的英雄气概，深入实际、实事求是的工作作风。他从陈赓身上看到了中国共产党人和老一辈无产阶级革命家的高风亮节和志存高远的博大胸怀。

陈赓依靠“两老”办院的思想，使梁守槃备感亲切。“两老”是指军队的老干部和教员队伍中的老教师。依靠“两老”办院，就是发挥老干部、老教师的中坚骨干和带头作用，带领全院所有人员办好学院。1952 年 12 月 9 日，陈赓在全院党员干部会议上说：“我们的口号是‘两老’办院，就是依靠老干部、老教师，上上下下团结得像一个人，齐心协力、步调一致地共同完成党交给我们的光荣任务。这就是我们‘团结建院’的方针。”

作为从旧社会走过来，又从美国留学归来的高级知识分子梁守槃，听了陈赓院长的这些讲话，心里暖乎乎的，信任感、主人翁感、责任心和使命感油然而生。

陈赓在正确而实事求是地贯彻党的“有成分论，不唯成分论，重在表现”这一政策方面，堪称楷模。从20世纪50年代一直到“文革”结束，由于家庭出身和家庭成分是客观存在的，是实实在在的量的概念，因此，“有成分论”很容易掌握。而后两句“不唯成分论，重在表现”则是定性的概念，不易掌握。尤其是长期以来，宁“左”勿“右”的思潮泛滥，“唯成分论”比较盛行。贯彻好党的这一政策对哈尔滨军事工程学院的建设颇具现实意义。陈赓现身说法，用自己切身的例子深入浅出地做了导向性的讲话。此外，他在会议上还讲了一个例子：“我们有一位基础课的教员，叫俞大缜，她的一个哥哥俞大维在台湾，是国民党的中央委员，还担任过国民党政府的国防部长。审干的同志认为俞大缜社会关系复杂，不宜留在军事工程学院。”陈赓停了停，略带几分气恼而且严肃地说：“你们光知道俞大维，知不知道黄敬？黄敬是俞大缜的亲侄子，是中国共产党的中央委员。俞大缜为什么没跟俞大维去台湾，而是跟黄敬留在了大陆，是在为共产党、为祖国、为人民服务。审干工作得在全面搞清情况的基础上，全面地分析研究问题。”最后，俞大缜继续在哈军工从教，教书育人。

陈赓所讲的这些话，对出身官宦家庭、社会关系复杂的梁守槃触动很大，感觉这些话就像是针对自己讲的，他深感陈赓是知识分子的知心人。

1955年，全国开展了批判胡风的运动，哈尔滨军事工程学院在组织分组讨论中，大家都做了发言并相互提了些意见，最后经研究指定一些教授要在较大规模的会议上做自我批评，梁守槃被安排在一个星期一的上午8点半做自我批评。睿智的梁守槃为了过关，认真地做了发言准备，心里七上八下的，不是个滋味。但约在8点10分接到通知，说这个会不开了，大家为之愕然。事后得知

1955年，哈尔滨军事工程学院航空系发动机教研室教职员与苏联专家合影（前排右三为梁守槃）

是遵照陈赓院长的指示取消这个会的。梁守槃心存感激，再一次领悟到陈赓院长对知识分子的关爱和保护。

这些事例和陈赓院长的一系列讲话，使梁守槃从心底里觉得陈赓是知识分子的知己者，共产党是真心实意地信任知识分子的。1956年，梁守槃写了书面报告，申请参军，经审核后获准，被授予空军技术上校军衔。他在耄耋之年念念不忘陈赓院长的知遇之恩，撰写了《回忆陈赓院长的教导和关怀》，以怀念敬爱的陈院长。

1956年9月，梁守槃调赴北京参加筹建国防部五院的工作，在长达半个世纪的岁月里，亲自参加并经历了中国导弹与空间技术的创建发展，从无到有，从小到大，从弱到强，取得了举世瞩目的辉煌成就。在这一历程中，他切身经历了聂荣臻副总理的关爱，永怀知遇之恩。由于聂荣臻副总理的亲自保荐，才使梁守槃持续在国防部五院工作，为中国的航天事业奋斗终生。

中华人民共和国成立后，直到20世纪五六十年代，在当时的政治历史背景下，按惯例对从事国防尖端技术的人员进行严格的政治审查。按当时的政审条件，像梁守槃这种情况的人，是不适宜在高度保密的国防部五院工作的。组织部门拟将梁守槃调赴北京航空学院，从事教学工作。聂荣臻实事求是地分析研究了当时的情况和梁守槃本人的情况，认为如果不能很好地贯彻党的“重在表现”的政策，就等于将能够从事国防科研工作的人员拒之门外，科研工作将无法开展。聂荣臻在人民大会堂召开的科技人员大会上，公开宣布：“要看这位同志的具体表现，像梁守槃这样的同志，是可以用的。”一石击起千层浪。聂老总的一席话，不仅给梁守槃一个惊喜，而且对广大科技人员也是一个极大的震撼。这一席话既使梁守槃继续留在国防部五院，也使其他与梁守槃有类似情况的科技人员免遭一生的遗憾。

梁守槃曾坦言，聂老总对他还有一个使他终生牢记的知遇之恩，那就是1956年10月8日，国防部五院正式成立后，10月15日，聂荣臻在向中央的报告中提出，我国的导弹研制应采取“自力更生为主，力争外援和利用资本主义国家已有的科学成果”的方针，随后，周恩来总理、毛泽东主席先后批准了聂荣臻的报告。上述方针即成为国防部五院的建院方针。梁守槃对这一方针从心底里赞同。当时，他针对“没有见过导弹，怎么能搞导弹”的悲观意见，义正辞严地指出：“德国人是世界上第一个制造导弹的，当然没有见过导弹，1936年，在冯·布劳恩的领导下，研制成功V-1、V-2导弹。中国1956年的工业技术水平不亚于1936年的德国，没见过导弹的中国人为什么就不能搞出导弹。真是岂有此理。关键是要有民族自信心。”尽管当时还有人说：“没有苏联的援助，中国搞导弹是不可能的！”但聂荣臻坚定地认为：“有外援当然可以快一点儿；没有，中国人也可以靠自己的力量解决问题，搞出导弹。”有一段时间，苏联在对华是否派遣专家和援助上犯“冷热病”，某些部门的工作因此而受到程度不同的影响，而中国的航天事业从来没有因此而踌躇不前。这与聂荣臻的坚定信念密切相关。

聂荣臻对科技人员信任、依靠和关怀，放手使用并给予有力的支持。1961年，聂荣臻领导制定了《科研十四条》，得到了党中央的批准，明确了红的标准，一是拥护党的领导，二是拥护社会主义，用自己的专业知识为社会主义服务。《科研十四条》中还明确了如何充分发挥科技人员积极性和主观能动性的问题。聂荣臻还就此在国防部五院作了报告。接着，他又亲自选定一批科技干部（不全是党员），提拔到重要的领导岗位上，并提出要建立技术指挥线，设立技术指挥员，要求各级党委支持这些技术指挥员的工作，使其有职有权。1961年9月，一批科技专家被任命为各分院的副院长，包括一分院任新民、屠守锷，二分院蔡金涛、吴朔平，三分院梁守槃、庄逢甘等。

聂荣臻对梁守槃等广大科技人员生活上的关怀、照顾，更使知识分子深为感动。周恩来总理、邓小平总书记曾大力号召党政干部要当科学家的勤务员，周总理情真意切地说：“我们为科学家服务好了，科学家就为社会主义服务得好。”

2000年，梁守槃（右）重返哈尔滨军事工程学院，在原空军工程系主楼前与任新民（左）合影

聂荣臻副总理在国防部五院干部大会上说："我自己就是个勤务员，我有志于当个科学工作的勤务员，为科研工作努力创造条件，保证科技工作者必要的工作、学习和生活条件。"在周恩来、邓小平和聂荣臻以及国防部五院领导的号召与带动下，在国防部五院，"为科研工作服务，为科技工作者服务"蔚然成风。

聂荣臻对科技人员所做的一件件事和所做的一系列讲话，都深深地烙在了梁守槃的心底，知遇、知己、知音之感永远铭记在他的心中。他在晚年撰写了多篇文章，颂扬和缅怀聂荣臻在中国航天事业创建发展和科技人员队伍建设上付出的心血和所铸就的丰功伟绩。这些文章包括《聂荣臻同志对航天事业科技人员的关怀》《回忆聂帅对导弹事业的教导》等。特别是他在耄耋之年，为纪念聂荣臻诞辰110周年，专门撰写了《回忆聂荣臻对导弹事业的领导与关怀》的纪念文章，后来在《中共党史研究》2013年第1期上发表。

从党和国家的层面，周恩来总理对梁守槃等科技专家具有巨大的知遇之恩。在"文革"的动乱年代，老专家被打成"反动学术权威"，许多科技人员被污蔑为资产阶级知识分子。1968年6月，46岁的材料与工艺科学家姚桐斌，正值科技工作的黄金时期，却惨遭毒手，死于非命。周总理获悉后十分震怒和惋惜。周总理为了保护航天科技专家和航天科技队伍，指令七机部军事管制委员会列出需要保护的科技专家名单上报，并很快批准了这个名单。梁守槃就在这个名单之中。正是由于周总理这一功在当代、利在千秋的举措，不仅使一批像梁守槃这样的科技造诣颇深的科技专家得到了保护，免遭批斗和皮肉之苦，并保证了这些科技专家的生命安全。更为可贵的是这些科技专家在长达十年的"文革"中没有完全中断科研生产工作，使中国的各类导弹型号、运载火箭和应用卫星等的研制工作得以继续进行，并相继取得成功。

正是周总理的这一英明决策，使中国的航天科技队伍得以成长和提高，各类航天型号研制和飞行试验的实践锻炼，使中国航天基本形成了以年长的科技专家为专业技术和学科带头人，以中青年科技骨干为中坚，以年轻的科技人员为主力军、专业技术和学科齐全配套的科技队伍，这是中国航天后续发展的无价之宝。

梁守槃始终念念不忘陈赓院长、聂荣臻副总理、周恩来总理的知遇之恩，并始终牢记这三位知己者的教诲，将其化为航天科技工业、为国防科技事业贡献心血和智慧之力量的源泉。

除此之外，还有诸多军方（使用方）的领导与梁守槃心心相印、志同道合。为研制飞航式导弹武器的共同目标，梁守槃与他们多有交往和切磋，并结下了深厚的情谊。如曾任海军司令员的刘华清，时任海军副司令员的周希汉，时任海军副司令员兼海军航空兵司令员的王万林等，都有与其为中国海军导弹武器装备的发展共谋大计的经历，梁守槃对此牢记在心，终生不忘。例如，1998 年，在周希汉副司令员逝世十周年时，海军拟编撰出版《周希汉同志纪念文集》，梁守槃应邀撰写了《怀念周希汉副司令》的悼念文章。在文中，他以一个海防导弹研制工作者的名义，缅述周希汉副司令员在海防导弹研制中的业绩与贡献。他回忆："在导弹发展方面，周副司令一直要求以自力更生为基础，不同意购买。"他还回忆了与周副司令员共同"战斗"的情景，"周希汉副司令曾亲赴靶场，了解海鹰二号大射程导弹打靶的情况，对直接命中的结果表示满意，促进了海鹰二号导弹的定型。"他还特别忆及周希汉副司令员对低空超声速反舰导弹立项工作的贡献，"在反舰导弹方面，周副司令除了对已定的计划项目予以支持外，还和国防科委的领导同志一起到七机部，参加会议，确定了低空超声速导弹的立项，由海军和七机部报请国务院、中央军委批准。"寥寥数语，既可看出他与这些海防导弹事业战友的情谊，亦可见他对海防导弹一往情深。

梁守槃

梁守槃院士传记

Academician Liang Shoupan's Biography

第十二章

情依故土　爱国爱家

读高中时的梁守槃，亲眼目睹日本的飞机在中国的领空肆虐轰炸。梁守槃悟出了“落后就要受欺辱，就要挨打”的道理，他抱定“科学救国”“工业救国”“航空救国”之心，志在爱国护家、守土强国。

梁守槃是出生在福建福州、在外省长大的学子。祖籍福建省福州城门乡梁厝村，位处闽江西岸，背靠燕山，与马尾一水相隔，迄今已有900多年的悠久历史。他出生在福州著名的三坊七巷衣锦坊。父亲梁敬錞,1917年毕业于北京大学法科，获法学学士学位，由北洋政府司法部总长林长民聘为秘书。1918年，梁守槃2岁时，随母亲林蕴椒到北京，与其舅父林旭（字暾谷，“戊戌六君子”之一）同住，1920年开始在家中私塾读书，开始了他学习和工作的人生历程。梁守槃治学以恒，治事严谨，立德立言，贡献国家，从幼年就打下了基础。

1. 家国相融 浓浓乡情

梁守槃祖宅在梁厝村里街57号，他出生在福州衣锦坊，从2岁离开后，再也没有在此生活。

几十年来，他曾三次回闽，时代不同，任务不同，经历也大相径庭。

第一次返闽是1960年，回去处理过继母亲蒋月芳的后事。梁守槃伯父梁敬铨、伯母蒋月芳膝下无子，按福建习俗，长子（敬铨）无子时，次子（敬錞）的长子（守槃）要过继给长子（敬铨），所以他被过继给伯父梁敬铨、伯母蒋月芳夫妇。后梁敬铨早逝，蒋月芳削发为尼，中华人民共和国成立后，蒋月芳还俗，于1960年辞世。作为继子的梁守槃获悉后即前去处理丧事。国防部五院政治委员刘有光，深知在当时的环境下，像梁守槃这样家庭出身的人员处境，担心他返乡奔丧会遇到麻烦，所以，专门给福建省委书记叶飞打了电话，言明梁守槃是中国著名的导弹专家，回福州奔丧，请多关照。结果丧事办理得非常顺利。事后，叶飞书记还宴请了梁守槃。

梁守槃工作异常繁忙，来不及回味故土乡情，处理完丧事后即返回北京，继续他紧张的导弹研制工作。

第二次赴闽是1964年，公务在身，他既无暇前往梁厝村里街的祖宅，也未能抽得时间去出生地福州衣锦坊。他们一行住在省委招待所，只在招待所周围漫步，饱览福州大地的风土人情，尽情吸吮故乡的新鲜空气。公务完成后，即匆匆返京。

“文革”结束后，特别是在改革开放政策实施后，国运昌隆，国泰民安，祖国到处呈现生机盎然、欣欣向荣的景象。1997年9月24日，年逾八旬的梁守槃，应福建省科学技术协会邀请，和其他5位中国科学院院士前往福州市作科普报告，并参加了福建省高新科技知识竞赛活动。期间，9月26日，梁守槃携夫人傅鹤——未曾到过福建的福建闽侯人，

梁守槃与夫人傅鹤
在会议上

一起来到梁守槃的祖籍福州城门乡梁厝村。这个具有900多年悠久历史、仅两千多人口的梁厝村，却在当代出了两位中国科学院院士——梁守槃、梁敬魁。村民们把两位院士和村史上声名显赫的先人一同绘成画像，悬挂在村里的“永盛梁氏宗祠”内，以激励后辈。乡亲们闻悉宗祠画像中的真人要回家乡来了，像过年一样，兴奋不已。梁守槃回到阔别79年的故土，瞻仰先人，心潮澎湃。按梁厝家族排行，梁守槃为第33代，其祖上旧居在梁厝村里街57号，他的曾祖父梁鸣谦，字礼堂，功晋二品衔，诰授通奉大夫。曾任福建最高学府鳌峰书院掌教（山长），为国家、为社会培育了栋梁之材。祖父梁孝熊，又名梁训桐，号伯通，曾任江苏海门直隶厅同知。父亲梁敬錞，号和钧，字聿鹄，早年赴美国哥伦比亚大学攻读，后转英国伦敦大学，获硕士学位。

梁守槃对家乡福州充满了深情，特别是面对家乡人民的盛情，他总觉得有所歉疚，坦诚歉意且带几分幽默地说：“我是搞导弹武器研究的，家乡的经济建设用不上。而家乡的人民却对我如此厚爱，我感到很愧疚！”父老乡亲们却异口同声地说：“你们研制成功了导弹武器，有效地保卫了家乡和国家安全，维护了世界和平，这就是对家乡、对祖国的巨大贡献。”梁守槃一再向宗亲们表示：“今后定在有生之年加倍努力工作，以回报乡亲们的厚爱。”他还反复地祝福梁厝村：“在党的十五大精神的指引下，进一步发展生产，发展经济。祝福乡亲们生活愉快，平安幸福。”

梁守槃在对故乡的走访中，最关心也是询问最多的是当地的交通和教育状况。他不止一次地对区、乡、村的领导讲：“要想富，先修路。”当谈到家庭教育和人才培养时，他的眸光顿时亮了起来，嗓门也略有提高。此时，他的孙女梁璋仪正在北京首都师范大学附中读高三，在场的记者和小学生们，都特别想知道梁院士对孙女的教诲与期盼，但得到的回答是：“随意。她愿意怎么读就怎么读。”由他的孙女谈起，他倾诉了自己促进孩子上进的观点：“小孩在最初入学时，应该为其提供良好的学习条件，只要小孩在最初几次的考试中居全班的前几名，他便不会轻易放弃他在全班同学中确立的位置，会努力保持前几名的位置。”他认为，家长在孩子学龄前应该教孩子认字和懂得讲理，培养孩子对学习的兴趣。他坚决反对体罚的教育方法，特别不喜欢中国传统教育子女的一句老话：“不打不成才。”他风趣地谈道，自己年幼时颇受严母的管教，字写得不好，母亲就打他的手，他愈害怕写字，就愈写不好字，直至现在他的字仍写得不大理想，遇到签名题字时就犯愁。说到此处，梁院士会心地笑了。

在同家乡小学师生座谈中，梁守槃强调：“教育的目的是培养德才兼备的人才，德育和智育，两者同样重要。德育重在身教，做家长的和做老师的都要给孩子树立好的榜样。比如，大人们不抽烟，孩子们就不大会去抽烟；家长工作勤奋，埋头苦干，孩子读书就不会讨巧。智育则重在言传，老师和家长循循善诱教诲与传授知识，就能使孩子对学习产生浓厚的兴趣，孩子就能学到更多、更扎实的知识。”

在依依不舍即将离开梁厝村时，乡亲们备好纸笔请梁守槃题字。盛情难却，他沉思片刻，在一张大纸的一边留下了两行刚劲有力的墨迹：“千年定居，宗支繁衍。发展经济，前途无量。梁守槃于公元一九九七年九月二十六日”短短数语，言简意赅，道出了他对故乡的深情厚意。

2. 相敬如宾 白头偕老

梁守槃与夫人傅鹤邂逅于 1940 年，时年 24 岁的他正在西南联合大学任讲师（后升任为副教授），在西南联大机械系系主任李辑祥家里邂逅了傅鹰、傅眉和傅鹤。傅鹤，出生于世代书香门第，其祖父曾任清朝政府湖北襄阳道台；伯父在北洋政府时期曾在海军部任职；父亲傅仰贤曾任职于北洋政府外交部，是北洋政府最后一任驻列宁格勒（现名圣彼德堡）总领事。长兄傅鹰是著名化学家，中国科学院院士，曾任北京大学副校长；次兄傅承义，国际著名地球物理学家，中国地球物理事业的主要奠基人与先驱者，中国科学院院士。其姐傅眉为李辑祥夫人。

1985年，傅鹤（左）看望其燕京大学入学保荐人谢冰心（右）

傅鹤于1936年毕业于燕京大学化学系物化专业，先后在北平慕贞女中和贝满女中任教。“七七事变”后，日军占领了北平，她不屈尊于日伪政权，遂于1940年经香港到昆明，先后供职于昆明云南中学和西南联大附中。梁守槃与傅鹤这两位同是来自北平的一对年龄相仿的男女青年，来往渐密，自然而然地萌发了爱意。1942年，他们结为伉俪。

婚后，傅鹤随梁守槃辗转。1942年，傅鹤随梁守槃转到贵州大定国民党空军发动机制造厂，在化验室工作。1945年，日本侵略者投降后，傅鹤到上海，1948年，入国民党中央银行印制局工作，上海解放后留用。1952年，梁守槃调赴哈尔滨军事工程学院，由于工作安排和专业等方面的原因，傅鹤一直在上海中国人民银行印制局542厂工作，俩人为了各自的事业而过着两地分居的生活，长达5年之久，直到1957年，傅鹤奉调入中国人民银行印制局541厂，担任化验室主任、高级工程师（技术六级），从事人民币油墨颜色在多种气候条件下的稳定性研究、人民币印刷中颜色的牢固度工艺研究、人民币的防伪鉴定等工作。1971年，傅鹤退休，2004年4月5日因病逝世。

梁守槃与傅鹤在长达62年的共同生活中，一直相濡以沫、相敬如宾，特

2002年8月7日，梁守槃与夫人傅鹤钻石婚纪念日全家合影

别是在历次政治运动中，相互解惑释疑，相互理解支持，始终坚持拥护中国共产党、拥护社会主义，坚持爱国敬业。在“文革”动乱中，傅鹤无端遭到迫害，停职降级，被下放劳动。梁守槃晓之以理，动之以情，鼓励她相信组织、相信群众、相信共产党、相信正义终究会战胜邪恶，帮助她渡过了艰难困惑的岁月，迎来了平反昭雪的一天。2002 年 8 月 7 日，夫妇二人携手度过了钻石婚纪念日。

3. 教育后辈 自信自立

梁守槃、傅鹤只育有一个儿子梁珪宣，孙辈只有一个孙女梁璋仪，他对儿子、孙女从未动过一根手指头。当有记者问他，可曾打过自己的孩子时，他朗声地回答：“从来没有。”他对后辈的教育是讲道理、指方向、循循善诱，而且坚定地认为，身教重于言教。1956 年，他刚到北京不久，就严肃地让儿子背范仲淹的《岳阳楼记》，并当场背给儿子听。

岳阳楼记

庆历四年春，滕子京谪守巴陵郡。越明年，政通人和，百废具兴。乃重修岳阳楼，增其旧制，刻唐贤今人诗赋于其上。属予作文以记之。

予观夫巴陵胜状，在洞庭一湖：衔远山，吞长江，浩浩汤汤，横无际涯；朝晖夕阴，气象万千。此则岳阳楼之大观也。前人之述备矣。

1982年，梁守槃怀抱孙女享天伦之乐

然则北通巫峡，南极潇湘。迁客骚人，多会于此。览物之情，得无异乎？

若夫淫雨霏霏，连月不开，阴风怒号，浊浪排空；日星隐耀，山岳潜形；商旅不行，樯倾楫摧；薄暮冥冥，虎啸猿啼。登斯楼也，则有去国怀乡，忧谗畏讥，满目萧然，感极而悲者矣。

至若春和景明，波澜不惊，上下天光，一碧万顷；沙鸥翔集，锦鳞游泳，岸芷汀兰，郁郁青青。而或长烟一空，皓月千里，浮光跃金，静影沉璧，渔歌互答，此乐何极！登斯楼也，则有心旷神怡，宠辱偕忘，把酒临风，其喜洋洋者矣。

嗟夫！予尝求古仁人之心，或异二者之为，何哉？不以物喜，不以己悲。居庙堂之高则忧其民；处江湖之远则忧其君。是进亦忧，退亦忧。然则何时而乐耶？其必曰："先天下之忧而忧，后天下之乐而乐"乎。

噫！微斯人，吾谁与归？

时六年九月十五日。

他还对《岳阳楼记》做了简释：此文虽然名为"记"，却是一篇即事即景抒写主观情怀的美文。范仲淹以作记之机，从自己和同榜进士滕宗谅（子京）共

1984年，梁守槃与孙女
摄于北京郊外公园

同的不幸遭遇出发，抓住观赏不同景物会有不同感受这一点，抒写政治胸怀，表现了作者一贯坚持的以天下为己任、虽处逆境仍积极处世的仁人精神。文章意不在记叙岳阳楼本身，故将写作缘起简略交代。至于湖山胜状，因前人题咏已多，只以"衔远山，吞长江"等几句略约带过，而以较多篇幅铺陈湖上阴晴不同之景，以及登楼览景者悲喜不同之情，尔后将这些悲喜全盘否定，提出不应因境遇好坏和个人得失而悲喜，最后以"先天下之忧而忧，后天下之乐而乐"的仁人思想来勉励友人和激励自己。梁守槃反复地强调，一个人不能因为境遇好坏和个人得失而悲喜，应该有“先天下之忧而忧，后天下之乐而乐”的胸怀。迄今，梁珪宣已年逾古稀，他对当年的往事还记忆犹新，并仍能背诵《岳阳楼记》的原文，对这篇古文的理解和体会更是感受颇多。

1957年，梁珪宣已读小学四年级，父亲梁守槃找来白居易的一首诗——《咏凌霄花》，他当场给珪宣背诵，并讲明要意：白居易是劝说世上之人切勿学凌霄自己没本事，却背靠大树好乘凉。树有多高，藤有多高；树倒藤也倒。其核心和用意就是教珪宣寄言立身，要自信自立，不做凌霄。

咏凌霄花

有木名凌霄，擢秀非孤标；偶倚一株树，遂抽百尺条。

托根附树身，开花寄树梢；自谓得其势，无因有动摇。

一旦树摧倒，独立暂飘飖；疾风从东起，吹折不终朝。

朝为拂云花，暮为委地樵；寄言立身者，勿学柔弱苗。

梁珪宣，1946年10月生于北京，1966年6月在北京四中高中毕业，1968年9月至1971年11月在内蒙古土默特左旗铁帽公社章盖台大队插队，1971年11月，被分配到七机部三线064工程指挥部306研究所任工人，1973年5月至1974年12月，在哈尔滨船舶工程学院电子技术与自动控制专业学习，毕业后回306研究所任助理技术员，1986年毕业于中国人民大学工业企业管理专业（本科），1989年毕业于北京高教自学考试国民经济计划专业（本科第二学历），1976年1月至1989年8月，在北京无线电厂任产品设计师、工程组长、生产科长、行政副厂长、总工艺师、生产副厂长等职，1989年8月后，历任中外合资北京飞利浦有限公司中方总经理、北京通力环电气股份有限公司常务副总经理、华夏媒体信息技术有限公司副总经理等职，高级经济师，在无线电技术、项目管理和生产组织上颇有造诣，是一位懂技术、善管理、有建树的企业高级管理人员。

在梁珪宣就业和择业的过程中，梁守槃虽给予关心和悉心指导，但他有一条律己的原则："自己的儿子不要在自己下属的单位工作，干好了人家说你得祖之光辉，沾了老子的光；干得不好，会说梁某人教子无方，戳指我的脊梁骨，到其他单位去干，干好、干坏都由你自己负责。"梁守槃夫妇教子有方早已誉满国防部五院机关大院。当年，国防部五院副政委王文轩、国防部五院一分院副院长屠守锷、一分院副院长任新民的夫人虞霜琴等，与梁守槃一家同住在国防部五院机关大院，都知道梁守槃夫妇是教育儿子的模范，对独子从不溺爱。梁珪宣学习勤奋，成绩好；尊敬老师，团结同学；热爱劳动，懂礼貌。王文轩等还专门到梁家，请梁守槃夫妇传授教子的经验和体会。

梁珪宣的妻子傅小波，1951 年 1 月出生于北京，1966 年 7 月在北京 101 中学初中毕业，是著名化学家傅鹰之女，青年时代就受到了梁守槃夫妇的言传身教。出身于书香门第的傅小波继承了潜心求知、致力事业的家风，钻研技术，埋头工作，1977 年 7 月，毕业于南京航空学院自动控制专业，毕业后被分配到三机部 232 厂从事飞行控制系统的系统设计工作，多有建树。作为项目主要完成人之一完成的"歼八 -2 飞机 KJ-12 自动驾驶仪"，1988 年获航空航天部部级科学技术进步奖一等奖，1989 年获国家科学技术进步奖三等奖；作为项目主要完成人之一完成的“变后掠机飞行控制系统研究、设计、试验”项目，获航空航天部部级科学技术进步奖二等奖；KJ-11 自动驾驶仪等三项科技成果，获 232 厂科学技术进步奖一等奖。傅小波还同项目的合作者撰写了《一种歼击机多功能飞行控制系统的控制律》《关于飞机自动驾驶仪系统的高空振荡问题研究》等论文，分别被中国航空学会自动控制专业 1987 年、1990 年年会文集收录。她作为专业企业的代表，参加和完成了中国国家军用标准《飞机自动驾驶仪通用规范》的编制工作。

1991 年，傅小波调至航空航天部航天通信中心，在动力室从事多种设备的运行和维护工作，以确保中心动力系统正常运行。她曾参加电源交、直流系统报警装置的试制。后任动力室主任。1993 年，她作为项目负责人主管三院三部仿真楼消防工程的安装、调试。1994 年，主持了通信中心能源动力更新换代工作，为确保扩容后程控机在断电情况下可靠运行奠定了基础。傅小波荣立部级二等功、三等功各一次。1995 年，她晋升为高级工程师。同事们都赞扬傅小波是一位朴实、忠厚，潜心钻研技术，致力于事业的好同志。

梁守槃的孙女梁璋仪尽享了祖父、祖母“隔代亲”的关爱，也给祖父、祖母带来了天伦之乐。梁璋仪 1980 年 3 月生于北京，在祖父梁守槃的“给条件、讲道理、指方向、自成长”家教思想的沐浴下，没有辜负祖辈和父辈的教诲，以优异的成绩考取了北京首都师范大学附中，1998 年高中毕业后，参加全国统一命题考试，以 621 分的高分被北京大学化学系物化专业录取。2002 年本科毕业后，梁璋仪顺利地考取了北京大学化学系物化专业博士研究生，2007 年 7 月获博士学位。尔后在一家公司从事科学研究工作，在化学科技领域驰骋，承袭了祖父、外祖父光明磊落、谦虚谨慎的品格和孜孜追求事业之精神，贡献着自己的聪明才智。

2007年6月，梁守槃孙女梁璋仪获博士学位，祖孙三人在北京大学合影

4. 言传身教 严谨务实

严谨务实，精益求精，读书求知务求弄懂、弄透，切忌囫囵吞枣。这是梁守槃恪守的治学原则。他“现身说法”，举例说明读书、求知应求细节，不仅知其然，还要知其所以然。他不止一次地向儿子、孙女等讲述这类常被人曲解的故事。

例如，“舍不得孩子套不住狼”，这几乎是家喻户晓的一句俗语，但大多数情况下，尤其是在北方，基本上都将它理解为用自己的子女去引诱狼，然后套住恶狼。梁守槃动情地说：“外国人对中国人这句话非常反感，一个人的生命和一只狼怎么能相提并论呢！怎么能用一个人的性命当诱饵去套一只狼呢！”接着他讲道：“这绝对是一种误解，其实，在南方是将鞋子称为‘孩子’，为了套狼，必须在山路上奔跑，就要不怕鞋被磨破，也就是舍得鞋子（‘孩子’），而不能把‘孩子’理解为‘人’。所以，对任何事情都要搞懂弄透。”

还有一个例子，就是人们在谈及群众路线时经常提及“三个臭皮匠顶个诸葛亮”，对此，梁守槃指出：“人们没有细想，诸葛亮所从事的都是事关国策、社稷、民生、军事等大的战略问题的研究，而皮匠从事的工作和熟知的问题，显然离诸葛亮从事的工作相距甚远，无法和诸葛亮相提并论。”他进一步指出：“其实是人们将两个同音词‘皮匠’和‘裨将’给混淆了，‘裨将’在古代是指副将，诸葛亮的三个副将当然能顶一个诸葛亮了。”隔行如隔山，走群众路线不是简单的少数服从多数，也有专业范畴的问题，应该根据所研究问题的专业属性，组织该专业领域的专业人员，平等地进行研究讨论，集思广益，为解决难题出谋划策，为规划未来指明方向、途径，提出解决难题的意见与建议。

对类似的事，他研究的不少，并不厌其烦地讲给儿子、孙女听，其意就是要求年轻人读书、求知应该知其然，并知其所以然，做到慎之又慎、细之又细，真正把知识学透，并能正确地运用，否则便会误人子弟。

梁守槃在科研生产中彰显严谨务实精神的例证更是不胜枚举，从他自己撰写科技报告、进行分析计算，到他审核下属的科技报告、计算结果，直至研制和试验的所有环节，他都是按照“三严”作风（严格的要求、严肃的态度、严密的方法）要求自己和下属，从不姑息迁就。2017 年 6 月初，航天三院一位从事飞航式海防导弹研制的科技人员，在中央电视台《国家记忆》栏目中述说了一段往事，“海防导弹的各分系统都要进行多次试验，试验后必须写出详尽的试验报告，对试验中出现的各种现象作出分析和判断。有一次，一份试验报告送给了梁守槃副院长，他看到报告中多处出现了‘可能’‘或许’‘也许’‘大概’等模棱两可的词语，且没有对相关的数据进行分析、计算。他阅后非常不快，找来了报告

梁守槃荣获杰出科学家奖

撰写人，进行了严厉的批评，指出，在科研工作中不允许这种模棱两可的结论，这是搪塞和敷衍，是不负责任的态度。他毫不客气地将报告退回，要求重写。”从这一实例中足可见他严慎细实、一丝不苟、严谨务实的科研作风。后来，这位科技人员按期、保质地重新撰写了试验报告，并从心底里感到梁副院长批评得对。

5. 百家子弟 博览群书

凡同梁守槃有过较多接触的人都心悦诚服地认可他是一位科学巨匠。他超强的记忆力、深厚的数理化功底和广博的知识，使他能在科学世界里遨游。殊不知，他的国学水平也达到了常人难以企及的程度。他自幼学习四书五经，熟读二十四史和《资治通鉴》，还浏览国外神话故事、传说，并屡有心得。从其中的一篇心得可见他博学多才之一斑，故复记于此。

神话传说的可能解释

古代神话传说，是古人对历史追忆和自然现象解释的综合体，不可能完全准确，但也不是毫无依据。例如，韩非子《五蠹》中所说，由有巢氏，燧人氏到伏義、神农，完全符合人类历史发展顺序。相传的古代帝王像，有巢氏以树叶为衣，伏義氏围着兽皮，也不像后代小说中所描写峨冠博带。《诗经》小雅说“伐木丁丁，乌鸣嘤嘤，出自幽谷，迁于乔木”，生动地描述了古人由穴居到巢居的行动。只是在燧人氏之后，古人才从树上回居洞穴，用火来保护自己，不受猛兽之害。并且放火烧林、驱逐禽兽和打猎（见《孟子》“益烈山泽而焚之，禽兽逃匿”）开辟了人类定居的场所。古希腊史诗《伊里亚德》中，只有“神”才用弓箭，英雄勇士只会用梭标；说明当时没有弓箭。与我国传说中的“黄帝作弓箭，以平苗族”都描绘了古代武器的发展过程。希腊克里特岛迷宫古迹发现，证明了荷马的史诗不是全凭想象。凡此种种都说明有些传说是可以找到合理解释的。如只凭个人想象，认为不合己意的就是不合理（例如否定司马迁对秦始皇墓的描写），就难免湮没史实。现在仅就个人的浅见薄识，对一些常见的古代传说片段，作些解释，请赐批评指正。

①洪水。我国传说，洪水发生在尧舜之际，大禹治水十三年，才得平定洪涛。上距神农黄帝，已有多年，如果是早已有洪水，则神农架的居民，就不可能长途跋涉到涿鹿，蚩尤也不会从南方北上与黄帝作战。犹太教的创世纪，也说是在人类已经有了一定文化之后，上帝降灾，连下四十天大雨，诺亚方舟拯救了人类。那么，究竟洪水从何处来？个人以为，既然现已公认，恐龙的消失是由于小行星与地球相撞。则是否可以认为：古代洪水，是彗星（基本是大冰块）撞入大气层所引起？

②人类起源。我国古代相传，自鸿蒙开辟（即有了人类父子相传）至今是二百余万年。最近考古发现，也证明我国在二百余万年前已有人类，否定了人类祖先来源于非洲。是否可以承认远古流传的说法，经后来整理而得综合记载（例如《白虎观通义》等），对人类历史有其参考价值。

③关于人类寿命问题。印度传说：初佛寿三万岁，二佛寿二万六千岁，三佛寿六十七岁。中国传说，彭祖寿八百岁以上。是否可以理解为：印度的初佛，二佛以一日为一岁；彭祖以一次月圆为一岁。这样，折合一下，初佛寿八十二岁，

二佛寿七十一岁，彭祖寿六十五岁以上，就不必再作其他猜测了。

④日全食。((淮南子》说：鲁阳战酣，挥戈叱日，日返三舍。这当然不可能。但最近报载，史书上的“天再旦”，是由于在拂晓时出现日全食。那么“日返三舍”可否解释为在下午日落前出现日全食。因而本来阳光照耀的战场上，突然出现日落黄昏景象。日全食后复圆，就又“返三舍”了。这样也可以由天文计算，确定此事的时间。

⑤神农架在湖北。炎帝陵也陆续在湖北以及更北方的地区出现。似乎整个部落在向北方转移。不止一个陵，表示转移时间很长，陵中埋的是不同的人。最后炎帝与黄帝相遇，黄帝“三战而后得志”(见《史记》)。接着就是黄帝与蚩尤战于涿鹿之野。按照古代的交通条件，炎帝放弃了原有基地，逐步向北转移（不是扩张领土），似乎是受到蚩尤的压迫，不得不然。与黄帝三战之后，二者合一，成为今日炎黄子孙的祖先。然后合力抗击蚩尤。依靠黄帝新发明的弓箭和指南车，把蚩尤一族又压回南方。以后舜到湖南，禹到浙江，基本上是三代以前的南方边界了。

⑥黄帝在鼎湖“乘龙上天”。弓箭都落到地面。是否遇到了食肉的翼手龙之类，因而遇难？有人认为，黄帝作为“天子”，前呼后拥，不可能遇难。但

古代的帝王，未必有那么多的护卫（当时“攀龙髯”的人是有的）。即使在汉朝，武帝打猎时，也曾有过人熊冲到武帝面前，班婕妤当熊而立来救驾的事实，更何况远古时代呢！

⑦“刑不上大夫”。似乎一直存在一种错误理解，认为古代大夫可以不受刑。《曲礼》的原文，在叙述人必须有礼的文章中，提出的是“礼不下庶人，刑不上大夫”。如果把后一句解释为刑不上加于大夫，则前一句就是礼不下达于庶人了，与全文意思相悖。而且《礼记》是春秋时代的产物，当时大夫被杀的（不是自杀），如卫杀公子汲，郑杀傅瑕，晋杀庆郑，楚杀伍奢，等等不一而足。后世强调不可杀大夫，是身为大夫的人们断章取义，以求保护自己。事实上也保护不了，实在大可不必。

梁守槃

梁守槃院士传记

Academician Liang Shoupan's Biography

第十三章

驾鹤仙逝　后人悼念

2009年9月5日，梁守槃驾鹤仙逝，中国航天科技集团公司为其举行了隆重的遗体告别仪式，为他送行，愿他在九泉之下安息。晚辈和诸亲属更是沉痛地悼念梁老，深切地缅怀梁老的丰功伟绩和高尚品质。

走过了93年人生历程、72年科技生涯、53年航天征程的梁守槃，驾鹤西行。梁守槃的逝世，使中国航天事业失去了一位好党员、好干部，失去了一位德高望重、科技造诣颇深的优秀专家，失去了一位中国航天技术的重要开拓者与奠基人，是中国航天事业的一个重大损失。中国航天科技集团公司于2009年9月13日，为梁守槃举行了隆重的遗体告别仪式。党和国家有关领导人、有关部门和单位领导人及有关部门、单位都敬送了花圈和挽联，有关领导还亲自前来向梁守槃的遗体告别，向家属表示慰问。

1. 敬送花圈 以示悼念

梁守槃的遗体告别仪式庄严而隆重，正面醒目地悬挂着“沉痛悼念梁守槃同志”的横幅，还书写着“身前艰守，风雨涅槃，家国天下图康安”“身后仰止，泣血望君，此行寰宇确重生”的挽联，两侧摆放着花圈。敬送花圈的党和国家领导人有：胡锦涛、江泽民、习近平、李鹏、朱镕基、曾庆红、张德江、李岚清、吴官正、李长春、李克强、张高丽、王刚、李源潮、钱学森、孙孚凌、常万全等（排名不分先后）。

敬送花圈的党、政、军机关和企事业单位主要有：中共中央组织部，总装备部科技委，总装备部军兵种装备部，海军装备部，清华大学，清华校友总会，国防科学技术大学，哈尔滨工程大学，中国科学院学部主席团，中国科学院技术科学部，中国科学院院士工作局，中国宇航学会，中国工程热物理学会，北京八中，中国航天科技集团公司和下属单位一院、四院、五院、六院、七院、八院、十一院，中国航天科工集团公司和下属单位二院、三院，中国卫星通信集团公司，中国商用飞机有限责任公司，中国长城工业总公司，中国精密机械进出口总公司，航天时代置业发展有限公司，中国资源卫星应用中心等（排列不分先后）。

敬送花圈的有关部门、单位的领导主要有：中国科学院院长兼学部主席团执行主席路甬祥，中国科学院副院长李静海，中国商用飞机有限责任公司董事长张庆伟，总装备部政治委员迟万春，总装备部科技委主任兼副部长李安东，工业和信息化部副部长兼国家国防科工局局长陈求发，清华大学校长顾秉林，清华大学党委书记胡和平，中国航天科技集团公司和中国航天科工集团公司高级技术顾问孙家栋，中国航天科技集团公司科技委主任王礼恒，国家国防科工局副局长孙来燕等（排列不分先后）。

2. 领导群众 前来送行

几十年来，梁守槃始终不渝地热爱祖国，拥护中国共产党，坚信社会主义，坚信毛泽东、周恩来、聂荣臻等老一辈无产阶级革命家对国防科技工业的正确领导，特别是在"文革"动乱中，他仍信念坚定，从未动摇，以其聪明才智和艰辛的劳动与汗水，潜心致力于中国导弹事业的开拓发展，取得了显著的成绩，赢得了广大国防科技工作者，特别是广大航天工作者的崇敬与爱戴。

为了寄托哀思，缅怀梁守槃对中国导弹事业的卓越贡献，中国人民解放军总装备部，海军，中国航天科技集团公司和中国航天科工集团公司及其所属各单位，清华大学，清华大学校友总会，哈尔滨军事工程学院北京校友会，北京八中等的老领导、现任领导，及广大科技人员、干部和工人代表，都参加了梁守槃的遗体告别仪式。主要有：丁衡高、聂力、林宗棠、谢光、王统业、任新民、程连昌、鲁之沫、梁思礼、庄逢甘、黄纬禄、栾恩杰、王希季、屠善澄、戚发轫、张存浩、曹建国、陈恩才、马云涛、鲍克明、王礼恒、白拜尔、夏国洪、张庆伟、马兴瑞、雷凡培、高红卫、吴燕生、许达哲、孙来燕、芮晓武、袁家军、承文、花禄森、胡鸿福、闵桂荣、李伯勇、易生、许祖凯、路史光、刘兴洲、霍玲、李慧芬、于世元、陈旺清、柳天臻、黄道群、吴卓、李金生、赵晓晨、朱正、陈怀瑾、王励、董修敏等（排列不分先后）。

梁守槃所在的中国航天科技集团公司和他长期工作的中国航天科工集团公司，还分别举行了各种形式的追思会等悼念活动，缅怀他科学求是的思想、正直坦诚的品格、严谨务实的工作作风；缅怀梁守槃在中国导弹技术创建发展中所作出的开拓性、奠基性的贡献与成就。广大的航天工作者矢志继承和弘扬老一辈航天工作者的光荣传统，沿着老一辈航天工作者所开辟的道路，勇往直前，步调一致地去争取新的辉煌，为实现中华民族伟大复兴的中国梦而奋斗。

多家媒体旋即发布了梁守槃逝世的消息，并发表了悼念祭文，颂扬梁守槃这位科学家的本色底蕴，褒奖他坦诚率真、表里如一的品格风范，盛赞他潜心致力，孜孜以求，献身飞航式海防导弹事业的成就与贡献。

3. 晚辈亲属 勤奋自立

梁守槃的逝世，使家人和亲属陷入极度的悲痛之中，但他们深知“有的人活着，他已经死了；有的人死了，但他还活着”这句富有哲理的话语的寓意，他们深信梁老还活在世上，他的思想、品格、精神、作风将会在后辈中得以发扬光大、代代相传。儿子梁珪宣、儿媳傅小波、孙女梁璋仪的耳边仿佛又响起了梁老最常说的、简单而高邈的两个字“随便”，仿佛听到他“一个人要自自然然地做他想做、可以做、乐意做的事情，他也一定会把事情做成功”的教诲。面对梁老的遗像，梁珪宣似乎又看到了老父亲幽默机智的眸光，听到了他温和随意、不加修饰的话语，似乎感觉他又在督促自己背诵《岳阳楼记》和《咏凌霄花》。梁珪宣在心里默默地告诫自己：“一定要自信、自立、自强，诚实做事，老实做人。地球东转，人向前看，莫忘往事，争气争脸！”梁璋仪梦里感觉自己依偎在祖父身旁，听到祖父温和随意且刚毅的话语：“你想学什么专业就报考什么专业，自己做主。但一定要有韧劲和恒心，自己选定的专业就要学好、干好。”他不快不慢、娓娓道来：“科学探索与研究是异常艰苦的，但对于一个有志的登攀者来说就如同常人的闲庭信步，高深莫测的科技领域可供智者寻觅遨游。”当她从梦境中醒来时，情不自禁流下眼泪……

晚辈们更懂得，生老病死的自然规律是任何人都不能抗拒的。令晚辈欣慰的是，梁老暮年和生病住院期间，晚辈们不离不弃，坚守床前，恪尽孝道。梁老谢世后，晚辈们心无遗憾，异口同声地立下誓言：化悲痛为力量，矢志承业。祈祝先人在九泉之下安息。

梁守槃

梁守槃院士传记

Academician Liang Shoupan's Biography

第十四章

结束语

晚年，梁守槃精炼出了五条座右铭，这是他一生的感悟，更是他发自内心的箴言，具有重要的借鉴价值与启示作用。他的五条座右铭、讣闻和生平似可作为《梁守槃院士传记》的结束语。

梁守槃的一生是热爱祖国、热爱人民、忠诚事业、钻研技术、坦荡率真、光明磊落的一生。以其执着倔强、勤奋刻苦、拼搏创新、严谨务实的坚实足迹和其在中国导弹事业创建发展中的卓越成就与重要贡献，铸就了他无怨无悔、无欲无憾的科学家的本色底蕴和品格风范。深受广大航天工作者的爱戴与敬重，成为广大航天工作者的楷模。

暮年，梁守槃对自己的人生历程和科技生涯进行了回顾和总结，其中精炼出五条座右铭，这五条座右铭和经中国航天科技集团公司党组审定的讣闻、梁守槃同志生平，三份珍贵的资料可以说是梁守槃一生的概括，更可作为梁守槃院士传记的结束语。

1. 五条箴言 言简意赅

梁守槃在进入 21 世纪后，临近九旬高龄，深感体力、精力已大不如前，自恐时日不多，开始认真回忆和梳理自己的思想、工作，先后撰写了《对三院三个型号系列的回忆》《航天技术工作回忆》和《我的座右铭》等专文。现将《我的座右铭》记述于后。

我的座右铭

1. 要有民族自信心，外国人能做的事，中国人也一定能做，而且可能做得更好。

2. 武器的发展如逆水行舟，不进则退。新武器的出现，大都来自研究成果与现有条件的结合。已有产品的改进，当然也重要，但不是唯一的途径。

3. 人类对自然的认识，是归纳的结果。在设计产品时，则应当从已知的理论出发，但要注意区分理论知识与经验公式。

4. 技术工作中的群众路线，是要通过群众的讨论（真理越辩越明）找出来“怎样做才对”，而不是哗众取宠地“相信群众的大多数”。领导者拍板定案时，应说清理由并对之负责，不能在出问题时推诿责任。

5. 不要为了选举时得全票而让下属人员各行其是，放任自流。

短短五条，寥寥数语，梁守槃道出了他从事科技工作所遵循的原则。对广大科技工作者，具有重要的借鉴价值与启示作用，也是广大科技领导者应该遵循的工作原则。

梁守槃荣获的部分奖章

2. 印发讣闻 悼念逝者

讣闻

中国共产党的优秀党员，久经考验的忠诚的共产主义战士，我国航天事业的奠基者之一，著名导弹和火箭专家，中国科学院院士，中国航天科技集团公司和中国航天科工集团公司高级技术顾问梁守槃同志，因病医治无效，于2009年9月5日17时40分在北京逝世，享年93岁。

尊重梁守槃同志生前意愿，丧事从简。梁守槃同志遗体已于2009年9月13日在北京八宝山殡仪馆火化。

对各级领导和生前友好在梁守槃同志病重和治丧期间，给予的关心、支持、照顾表示衷心的感谢！

特此讣闻。

梁守槃同志治丧办公室

二〇〇九年九月十四日

3. 梁老一生 平凡卓越

梁守槃同志生平

中国共产党的优秀党员，久经考验的忠诚的共产主义战士，我国航天事业的奠基者之一，著名导弹和火箭专家，中国科学院院士，中国航天科技集团公司和中国航天科工集团公司高级技术顾问梁守槃同志，因病医治无效，于2009年9月5日17时40分在北京逝世，享年93岁。

梁守槃同志1916年4月生，福建省福州市人。1949年6月参加革命工作，1961年7月加入中国共产党。1937年6月毕业于清华大学，获机械工程学士学位。1938年赴麻省理工学院留学，1939年获航空工程硕士学位。1940年回国，先后任西南联合大学讲师、副教授，航空发动机制造厂设计课长，浙江大学教授、航空系主任。1952年10月调往哈尔滨军事工程学院，任空军工程系教授、教授会主任。1956年调往国防部第五研究院，历任发动机研究室主任、一分院总体设计部主任、发动机过程研究所所长、三分院副院长，第七机械工业部第三研究院副院长，航天工业部科学技术委员会副主任，航空航天工业部高级技术顾问，航天工业总公司高级技术顾问，中国航天科技集团公司和中国航天科工集团公司高级技术顾问等职。1956年被国防部授予技术上校军衔。曾当选为第三、四、五届全国人大代表，第三、六、七届全国政协委员，中共第十二次全国代表大会代表。1980年当选为中国科学院学部委员（后改称院士）。1985年当选为国际宇航科学院院士。曾担任中国宇航学会第一届理事会副理事长，中国航空学会第一、二届理事会副理事长，中国工程热物理学会副理事长、理事长等。著有《发动机动力学》《气轮机》《内燃机》和《飞机发动机设计》等著作，填补了国内大学有关教科书的空白。1964年，梁守槃同志因发明耐腐蚀双层高压容器及新型液体火箭发动机推进剂，被授予国家科技发明奖。1988年因研制成功某型反舰导弹获国家科学技术进步奖特等奖，1994年获求是科技基金会杰出科学家奖及国务院颁发的“民族之光”奖牌。

从20世纪50年代起，梁守槃同志参与并开拓我国导弹与航天技术事业。他被任命为我国第一种弹道导弹“1059”的导弹总设计师。在工作中他坚持国防部五院建院的三条原则，除了组织广大科研人员按照苏联提供的图纸进行仿制，在仿制中学习外，还提出了“反设计”的研制方法。在研制工作中，梁守槃同志坚持用理论指导技术实践，不迷信外国权威和专家。1960年9月在苏联专家撤走后，梁守槃同志建议的使用国产液氧、酒精、过氧化氢为推进剂的P−2导弹发射成功。1960年11月5日，我国仿制的第一枚弹道导弹发射成功，这是我军装备史上一个重要的转折点。梁守槃同志还主持了东风二号导弹初期研制阶段的设计，奠定了我国自行研制导弹武器系统的重要基础。

梁守槃同志组织设计了我国第一批火箭发动机试车台，领导和主持了我国航天初期的火箭发动机的研究与试验。在当时苏联和美国禁止向我国出口不锈钢的情况下，梁守槃同志带领广大科研人员解决了耐高压、耐腐蚀的容器问题。在东风三号导弹开始方案论证时，梁守槃同志组织与军事医学科学院的技术人员合作，试制成功新的推进剂，代替了导弹用的从苏联进口的混胺，为东风三号发动机的研制铺平了道路。

作为中国海防导弹武器系统的首任总设计师，梁守槃同志坚持技术民主，大力倡导自力更生，不盲信外国的技术和经验，带领广大科研人员走出了一条中国自己的反舰导弹发展道路。当时受“文革”的影响，我国独立研制的固体推进剂战术反舰导弹进展缓慢。在论证是否需要引进外国产品或技术资料时，他坚持认为我国的技术是可以信赖的，不必花外汇去引进。经过努力，该型导弹研制获得圆满成功，并获得国家科学技术进步奖特等奖。在梁守槃同志的领导和参加下，我国先后研制成功亚声速、小型固体、超声速三个系列岸对舰、舰对舰、空对舰多种型号的海防导弹。当梁守槃同志年事已高，不再从事具体的型号研制工作后，他仍然十分关心和重视导弹和航天技术的发展，积极参与许多重大技术决策，悉心指导和帮助有关单位和年轻同志做好有关型号研制和技术发展工作。

梁守槃同志在科技管理上有着丰富的经验。他多次提出有关航天科技工业管理体制的建议，得到国务院和国防部领导的采纳。他注意总结导弹研制工作经验，亲自起草和修改研制工作程序，多次组织和参与制定航天技术发展规划。他特别重视型号研制工作中的质量和效益，提出了很多有重要价值的建议和方案。他十分关心海军装备现代化，多次向海军领导提出关于海军导弹装备建设有益的建议和设想。

梁守槃同志具有坚定的共产主义信念和党性原则。在他60年的革命工作生涯中，始终忠于党和人民的事业。他工作认真负责、呕心沥血，作风一丝不苟、严谨务实。他理论知识渊博，业务技术全面，实践经验丰富，准确地把握技术方向与技术途径，带领科研人员解决了航天领域中的许多重大技术关键问题，用他毕生的精力为国防现代化建设和航天事业的发展作出了重大贡献，体现了一名老共产党员对党和人民的无限忠诚。

梁守槃同志为人正直、光明磊落，严于律己、宽以待人，谦虚谨慎、廉洁奉公，不计名利、顾全大局，保持了共产党员的本色。他严格要求亲属，不谋私利。他关心同志，注重对年轻科技人才的培养，在群众中享有很高威信。梁守槃同志高尚的思想品德、无私奉献的精神和严谨的工作作风将永远留在我们心中。

梁守槃同志的逝世，使我们党失去了一位好党员、好干部，使航天事业失去了一位德高望重的奠基者和技术高超的优秀专家。我们要化悲痛为力量，学习他的崇高精神和优秀品质，为航天事业又好又快的发展而努力奋斗。

梁守槃同志永垂不朽！

梁守槃大事年表

1916 年

4 月 13 日，出生于福建省福州衣锦坊，祖籍为福州城门乡梁厝村。

1918 年　2 岁

随母亲到北京，与其舅父同住。

1920 年　4 岁

在家庭私塾就读。

1927 年　11 岁

7 月，以同等学历报考北平四存中学和北师大附中，均被录取。后考虑离家的远近，就读四存中学（现北京八中）。

1929 年　13 岁

8 月，转学到天津南开中学，住校学习。

1930 年　14 岁

2 月，转学到北平师大附中，读到初中毕业。

1931 年　15 岁

8 月，考取沪江大学附中（高中）。

1932 年　16 岁

2 月，由于日本侵略者发动“九一八”事变，后又在上海发动“一·二八”事变，沪江大学附中复课无期，转学到上海光华大学附中，跳级读高二下学期课程。

1933 年　17 岁

7 月，在上海光华大学附中高中毕业，同时考取清华大学和国立交通大学，根据本人志愿，成为清华大学机械工程系的学生。

1935 年　19 岁

7 月，根据教育部通知，清华大学在机械工程系成立航空组，自愿报名到航空组学习，成为早期在国内学习航空工程的学生。

1937 年　21 岁

6 月，清华大学机械工程系航空组毕业，获机械工程学士学位。

7 月，被分配到南昌的空军机械学校高级机械班，学习飞机检查维护课程。

1938 年　22 岁

4 月，从空军机械学校毕业，被分配到航空委员会（即国民党的空军司令部），任研究室绘图员。

8 月，自费赴美留学，在麻省理工学院航空工程系，攻读硕士学位。

1939 年　23 岁

6 月，硕士研究生毕业，获航空工程硕士学位。

1940 年　24 岁

2 月，到昆明的西南联合大学任教，先后在航空工程系、机械工程系任讲师、副教授。

1942 年　26 岁

8 月，与傅鹤结为伉俪。

8 月，到贵州大定国民党空军航空发动机制造厂设计课，任技士、课长。

1945 年　29 岁

9 月，到浙江大学航空系任教授。

1946 年　30 岁

随浙江大学到杭州，在航空系任教授。

1949 年　33 岁

6 月，参加革命工作。

8月，被任命为浙江大学航空系主任。

1952年　36岁

9月，参加筹建位于南京的华东航空学院。

10月，接到调赴位于哈尔滨的中国人民解放军军事工程学院的调令。

11月，赴哈尔滨，参加中国人民解放军军事工程学院的筹建。被任命为空军工程系102教授会（教研室）主任。

1955年　39岁

5月，国务院在全国（除港、澳、台）开展知识分子评级工作，被评为二级教授。

1956年　40岁

4月，被批准参军，被授予空军技术上校军衔。

9月，奉调到北京，参加中国第一个导弹研究机构——国防部第五研究院的筹建工作。

11月，被任命为国防部五院第九研究室（发动机研究室）主任。

1957年　41岁

11月，国防部五院一分院成立，随发动机研究室到一分院。

1958年　42岁

4月，国防部五院一分院弹道式导弹总体设计部（一部）成立，被任命为首任主任。

1959年　43岁

3月，被国防部五院任命为“1059”弹道导弹总设计师。

4月，担任第三届全国政协委员，后任第六、七届全国政协委员。

1960年　44岁

5月，被任命为发动机燃烧过程研究所所长。

1961 年　45 岁

7 月，被批准加入中国共产党。

9 月，被任命为三分院副院长。

1964 年　48 岁

2 月，当选为中国航空学会第一届理事会副理事长。

12 月，当选为第三届全国人大代表，后当选为第四、五届全国人大代表。

1965 年　49 岁

4 月，被任命为海鹰二号导弹武器系统总设计师。

5 月，被任命为海鹰一号导弹武器系统总设计师。

5 月，被任命为第七机械工业部第三研究院副院长。

6 月，随中国人民解放军总字 741 部队（国防部五院），集体转业。

1970 年　54 岁

5 月，任海军第三研究院副院长。

5 月，任造船工业领导小组成员。

1975 年　59 岁

7 月，任第八机械工业总局（导弹工业总局）三院副院长。

1978 年　62 岁

当选为中国工程热物理学会第一届理事会副理事长。

1979 年　63 岁

9 月，任第八机械工业部三院副院长。

10 月，当选为中国宇航学会第一届理事会副理事长。

1980 年　64 岁

2 月，当选为第八机械工业部科学技术委员会副主任委员。

7 月，被中央军委任命为海军军工产品定型委员会委员。

11 月，当选为中国科学院技术科学部学部委员（1993 年改称院士）。

1981 年　65 岁

9 月，七机部、八机部合并，任七机部三院副院长。

10 月，任第七机械工业部总工程师。

1982 年　66 岁

3 月，任海防型号导弹武器系统总设计师。

4 月，任航天工业部科学技术委员会副主任。

9 月，当选为中国共产党第十二次全国代表大会代表。

1983 年　67 岁

1 月，任航天工业部三院科学技术委员会主任（兼）。

1984 年　68 岁

10 月，荣立航天工业部一等功。

1985 年　69 岁

10 月，在国际宇航联合会第 36 届大会上，同中国其他 11 名宇航科学家首次被接纳为国际宇航科学院院士。

1987 年　71 岁

9 月，任航天工业部高级技术顾问。

1988 年　72 岁

7 月，任航空航天部高级技术顾问；梁守槃作为项目的主要完成人之一的鹰击八号反舰导弹，荣获国家科学技术进步奖特等奖。

1989 年　73 岁

11 月，被航空航天部授予劳动模范称号。

1990 年　74 岁

7 月，首批享受国务院颁发的政府特殊津贴。

1993 年　77 岁

当选为中国工程热物理学会理事长；中国宇航学会第三届理事会名誉理事长；任中国航天工业总公司高级技术顾问。

10 月，荣获中国航天工业总公司颁发的“航天创业荣誉证书”。

1994 年　78 岁

荣获国务院颁发的“民族之光”奖牌。

8 月，获求是科技基金会颁发的杰出科学家奖。

1999 年　83 岁

7 月，任中国航天科技集团公司高级技术顾问、中国航天科工集团公司高级技术顾问。

2006 年　90 岁

10 月，荣获“中国航天事业五十年最高荣誉奖”。

2009 年　93 岁

9 月 5 日，因病在北京逝世。

梁守槃公开发表的部分著作与论文目录

[1] 梁守槃.星型发动机气阀的振动.清华大学工程季刊，1941（4）.

[2] 梁守槃.涨圈外形的研究.航空机械，1943（7）.

[3] 梁守槃.发动机动力学.北京：商务印书馆，1948.

[4] 梁守槃.喷气发动机理论.科学世界，1948（5）.

[5] 梁守槃.内燃机.北京：商务印书馆，1951.

[6] 梁守槃.气轮机.北京：商务印书馆，1952.

[7] 梁守槃.飞机发动机设计.北京：商务印书馆，1952.

[8] 梁守槃.热力学.哈尔滨：军事工程学院，1955.

[9] 梁守槃.叶轮机中的气流速度分布.力学学会论文集.北京：中国力学学会，1956.

[10] 梁守槃.复式减振支架的分析.力学学报，1978（2）.

[11] 梁守槃.用最小二乘法计算加速度.战术导弹技术，1986（3）.

[12] 梁守槃.大气折射对光测弹道高度的影响.战术导弹技术，1988（2）.

[13] 梁守槃.产品研制中的几个问题//航天事业三十年（1956—1986年）（科技经验篇）.北京：航天工业部，1988.

[14] 梁守槃.海防导弹的发展//回顾与展望(1949—1989年).北京：国防工业出版社，1989.

[15] 梁守槃.自力更生自主创新.北京：中国科学报.

[16] 梁守槃.导弹试验中的数据分析.世界科技研究与发展，1998（6）:41-42.

[17] 梁守槃.国防科技不要盲目跟踪.光明日报.

[18]梁守槃.回忆聂荣臻对导弹事业的领导与关怀[J].中共党史研究,2013(1):104-105.

[19] Liang S P. Performance Analysis of Centrifugal Compressors[J]. Journal of the Aeronautical Sciences, 2015, 16(7):435-437.

[20] Liang S P, Wang S S. Prospect of ramjet engines.The 7th symposium on air breathing engines, 1985.

参考文献

[1]《当代中国的航天事业》编辑委员会.当代中国的航天事业[M].北京:中国社会科学出版社，1986.

[2] 航天工业部政治部神剑文学艺术学会航天分会. 航天事业三十年:1956-1986[M]. 宇航出版社，1986.

[3]《当代中国的国防科技事业》编辑委员会.当代中国的国防科技事业:上册[M].北京:当代中国出版社，1992.

[4]《当代中国的国防科技事业》编辑委员会.当代中国的国防科技事业:下册[M].北京:当代中国出版社，1992.

[5] 季文美. 中国科学技术专家传略，工程技术编，航空航天卷[M]. 国防工业出版社，1999.

[6] 聂力.山高水长——回忆父亲聂荣臻.上海:上海文艺出版社，2006.

[7] 国防科学技术工业委员会.走进新世纪的中国航天——纪念中国航天事业创建50周年[M].北京:中国宇航出版社，2006.

[8] 中国航天科技集团公司.前进中的航天科技——纪念中国航天事业创建50周年[M].北京:中国宇航出版社，2006.

[9] 国防科学技术工业委员会.中国航天50年回顾[M].北京:北京航空航天大学出版社，2007.

[10] 中共中央党史研究室.中国共产党历史.第二卷:下册[M].北京:中共党史出版社，2011.

[11] 雷凡培．天之骄子梁守槃．北京：中国航天科技集团公司科学技术委员会，航天档案馆，2010.
[12] 中国航天系统科学与工程研究院．祖国不会忘记——献给共和国脊梁们．北京：中国宇航出版社，2016.

后　记

编撰、出版中国航天院士传记是一项艰巨、复杂且科技含量颇高的系统工程，传记所承载的内容和责任是全方位、多层次的，既要求对传主及其家人负责，又要对整个中国航天及有关单位负责；既要保证记述的内容、史实准确无误，又要保证所涉及的航天型号工程、专业技术、技术基础设施设备与技术手段等的科技概念准确清晰；既要保证中国航天史及所涉及的有关单位史准确无误，又要在继承和弘扬航天传统精神、“两弹一星”精神、载人航天精神中发挥作用；既要突出传主的人生历程、科技生涯，传主的业绩、贡献与品格风范，又要从航天科技工业系统工程性强的实际出发，将院士置于航天科研生产团队之中，彰显广大航天工作者的丰功伟绩。这些都增加了编撰航天院士传记的难度和编撰者的责任。

1956年10月8日，中国第一个导弹研究机构——国防部五院成立之时，梁守槃是从全国各地区、各部门调来的30多位科技专家中的一员。1956年11月23日，他被任命为国防部五院下设的第九研究室（发动机研究室）主任，尔后，他以聪明才智和艰辛的劳动与心血，为中国航天的创建与发展，作出了重要的贡献，铸就了这位中国航天科技事业开拓者与奠基人的璀璨绚丽的一生。

根据编撰航天院士传记的指导原则和梁守槃院士的人生历程，更感编撰《梁守槃院士传记》的重大责任与使命。为此，在不涉及保密问题的前提下，我力求做到“五不”，即不要有史实性的疏漏；不要有科技概念性的谬误；不要为了褒奖传主而贬低他人；不要有提法和表述上的失真；不要求全责备、纠结细末。

别无他路，只有沉下心来，认真阅读、研究中国航天，特别是航天三院的创建发展史；学习研究梁守槃所从事的航天型号工程的技术概况与研制历程，以及梁守槃生前所撰写的文稿及公开发表的论文、报告；查阅在梁守槃领导和工作期间的史实资料……融会贯通后进行梳理、总结，确定编撰提纲，进行编写。

在编撰成稿过程中，有幸得到梁守槃院士之子梁珪宣、儿媳傅小波，中国航天科技集团公司陈恩才、徐洪波、杨利伟、李卫东，中国宇航出版社张铁钧、黄莘、汪秀明等同志的鼎力支持与帮助，从而使传记编撰工作得以顺利进行。值本书即将付梓之际，谨向为之付出劳动的诸位一并致以诚挚的感谢！

传记问世，恐有疏漏和不妥之处，希望读者不吝指正，以期完臻。

梁守槃院士一生热爱祖国、热爱人民，忠诚事业、钻研技术，自信自立、倔强执着，拼搏创新、严谨务实，坦荡率真、光明磊落，淡泊名利、无怨无悔，以其坚实而厚重的足迹和有目共睹的业绩与贡献，成为广大航天工作者的楷模。《梁守槃院士传记》的付梓，一则将他的科技思想、科技成就和品格风范昭示后人，二则可告慰九泉之下的梁老。这正是我们的欣慰之处。

欣慰之际，我们更坚信新一代的航天人一定能更紧密地团结在以习近平同志为核心的党中央周围，勇往直前，步调一致地不忘初心，牢记使命，沿着老一辈航天工作者开辟的道路，继承和弘扬伟大的航天文化，薪火相传，续写辉煌，为中国航天的持续发展，实现中华民族伟大复兴的中国梦而进取、奋斗！

（登录:down.caphbook.com/2656.html，可收看“《世纪之约》：中国海防导弹第一代总设计师梁守槃”视频）

谭邦治

2017 年 2 月 18 日完成初稿

2017 年 7 月 1 日脱稿